Platon

Timaios

Die Seele im Kopf

Platon

Timaios

Die Seele im Kopf

Eine Systemische Rekonstruktion

Band 1

Rupert Merkle

Impressum

Copyright:	Rupert Merkle
Jahr:	2020
ISBN:	978-9-46-398327-3
Mitarbeit:	Dirk Zebisch
Cover:	Sabine Eichler, co.sabine-eichler.de

Bibliografische Information der Deutschen Nationalbibliothek: Die Deutsche Nationalbibliothek verzeichnet diese Publikation in der Deutschen Nationalbibliografie; detaillierte bibliografische Daten sind im Internet über dnb.d-nb.de abrufbar.

Inhaltsverzeichnis

B Platon: *Timaios*

A

Einige Gedanken vorweg

Timaios:

„Unsere ganz neuen Überlegungen über das All erfordert schon ganz am Anfang eine weitere Unterscheidung. Früher genügte es zwei Wesenheiten zu unterscheiden, heute müssen wir jedoch noch eine dritte aufweisen. Früher unterschieden wir zum einen das Urbild, welches nur durch Erkennen erfassbar ist. Das andere Urbild – stets sichtbar – war dem Nachahmen unterworfen. Wir meinten damals, dass diese Unterscheidung dieser beider Urbilder hinreichend sei. Auf weitere Überlegungen verzichteten wir. Nun aber nötigt uns der Verlauf unserer Erörterung die bisherige unzulängliche, schwierige und dunkle Betrachtungsweise durch unsere neue Darstellung aufzuklaren."
(Franz Susemihl 1856, § 91)

I

EINFÜHRUNG

„Eins, zwei, drei, wo ist der Vierte?“

Ein ganz unscheinbarer, offensichtlich belangloser Satz, steht am Anfang dieses grundlegenden Werks der Weltliteratur. Doch diese Frage hat es in sich.

Der *Timaios* verkörpert wie kein anderes Werk den Aufbruch in ein ganz neues Denken. Denn im *Timaios* gibt Platon seine alte – im Höhlengleichnis dargelegte auf Erinnerung oder Wiedererinnerung beruhende – Ideenlehre auf!

> „Früher genügte es zwei Wesenheiten zu unterscheiden, heute müssen wir jedoch noch eine dritte aufweisen.“ (Susemihl [49a])

Im *Timaios* bricht Platon mit dem alten linearen Denken: Mittels der Systemischen Rekonstruktion ist es gelungen, den durchstrukturierten Gedankengang Platons im *Timaios* aufzuzeigen und so das neue, dreidimensionale dynamische Denken aufzuklaren. Es mag ein gewagtes Unternehmen sein, circa 2500 Jahre nach Platons Tod einen ganz neuen Blick auf Platons Spätwerk zu werfen. Doch dieses Unterfangen, den *Timaios* in das kulturelle Gedächtnis zurückzuholen, ist unerlässliche Aufgabe. Platon hat mit diesem Spätwerk das Denksystem der europäischen aber auch der islamischen Welt geprägt.

Diesen – bislang nicht erkannten – Denkansatz der abendländischen Kultur zu entdecken, ist Anliegen dieses Buches.

Timaios als Protagonist des *Timaios*

Zum Missverständnis in der *Timaios*-Rezeption trägt deren Schwerpunktsetzung bei. Diese liegt in der Kosmogonie, Mathematik und Atomistik. Doch diese sind – wie sich herausstellen wird – lediglich Hilfsmittel um das eigentliche Thema, das abstrakte Denken, zu begründen.

Die Bedeutung des *Timaios* wurde in der Platonforschung bislang verkannt. Weder wurde die Wende in Platons Denken, noch die Figur des Timaios, noch das Menschenbild hinter *Timaios* thematisiert. Vielmehr wurde spekuliert, wer wohl der Timaios von Lokroi auf Sizilien sein mag und welcher Abstammung er ist. Doch Sokrates Gesprächspartner „Timaios" ist der Protagonist des *Timaios* (Werk). Timaios ist der abstrakt und dynamisch denkende politische Mensch: Er ist der begnadete, gebildete, mit der Denkerseele ausgestattete Timokrat, der dynamisch denkende Wächter, der seine Würde durch eigenen Erwerb erlangt. Der Timokrat wiederum kann als die Seele des Staates bezeichnet werden.

So stellt Sokrates im Eingangsdialog die Frage, wie ein moderner politisch agierender Mensch geschaffen sein müsse. Welche Voraussetzungen muss ein Wächter im Staat als Krieger und Verhandlungsführer mit anderen Staaten erfüllen? Oder anders gefragt: Wie muss die Seele im Staat – der neue dynamisch denkende Wächter – beschaffen sein? Diese Frage beantwortet Timaios in seinem dreiteiligen wissenschaftlichen Monolog. Dessen erster Teil ist dem gewidmet, was wir heute ganz schlicht mit Denken beschreiben. Die Ursache des Denkens sieht Platon in der unsterblichen Seele im Kopf.

Der Text als Herausforderung

Der *Timaios* gilt in der Literatur zwar als faszinierend aber auch als unzugänglich. So stellt der Philosoph, Hermeneutiker und Platoninterpret Hans-Georg Gadamer fest, dass das Werk in der Wissenschaft – abgesehen vom Schöpfungsgedanken, der Mathematik und der Atomistik – nur am Rande Beachtung findet. Er führt dies auf diverse Eigentümlichkeiten des durchaus schwer verständlichen Textes zurück (Gadamer S. 7). In neuester Zeit legt Manfred Kuhn eine „möglichst wortgetreue Wiedergabe des griechischen Originals und nicht eine Paraphrase, die scheinbar das Verständnis erleichtert" (Kuhn Vorwort) vor und versieht seine *Timaios*-Übersetzung mit einer Lesehilfe. Doch auch die Lesehilfe vermag nicht, die Komplexität und die Vielschichtigkeit des *Timaios* zu entschlüsseln.

Sein Schattendasein in der Platonforschung liegt sicherlich in der extrem schwierigen Sprache begründet. So bewertet Gadamer den Schreibstil im *Timaios*: „Die Inkohärenz fällt insbesondere an der Art und Weise auf, wie der natürliche Zeitfluss, in dem eine Erzählung spielt, hier durch Rückgriffe, Selbstkorrekturen, Wiederholungen, abrupte Neuansätze usw. unterbrochen wird (Gadamer S. 8)". Tatsächlich sind überlange Sätze – von unzähligen Pronomina durchdrungen und mit umfassenden Einschüben in Schachtelsätzen gespickt – nur schwer zu entwirren. Dieses gelingt aber, wenn man etwa die Pronomina durch die Nomina ersetzt und den Text in die einzelnen Gedanken zerlegt. Doch bereits aus der hier erstmals vorgelegten systematischen Gliederung des *Timaios* ergibt sich: Der *Timaios* ist logisch durchkomponiert und strukturiert, Gedanke für Gedanke, von Alpha bis Omega. Jeder Satz ist Erkenntnisgewinn.

Das Textverständnis leidet auch unter der instabilen Quellenlage: Originale des *Timaios* – von Platon en bloc, ganz ohne Interpunktion und ganz ohne Leerzeichen verfasst – liegen soweit ersichtlich nicht vor. Die handschriftlichen Überlieferungen sind fehleranfällig. Einfache Schreibfehler oder berichtigende Veränderungen durch Kopisten, Übersetzer und Redakteure, die es besser wissen wollen, entfalten oft große Wirkung. Nur hinzuweisen ist hier auf die Probleme, die sich im Zusammenhang mit den früheren Übersetzungen ins Lateinische ergeben. Doch auch diese können im Rahmen der Systemische Rekonstruktion unberücksichtigt bleiben.

Vereinnahmung durch spätere Philosophen

Die ersten Übertragungen ins Deutsche fallen in die Zeit des Deutschen Idealismus beginnend mit Hörstel 1795, Windischmann 1804 und Schleiermacher um 1805. Die neueste ist von Kuhn 2017. Von Anfang an wurde und wird trefflich über die richtige Übersetzung oder Paraphrasierung gestritten. Dabei geht der Streit nicht nur um einzelne sprachliche Details. Vielmehr spiegelt sich in den Übersetzungen der Streit unter Fakultäten, zwischen Gräzisten, Philosophen und Theologen verschiedener dogmatischer oder weltanschaulicher Richtungen wider, die wiederum jeweils dem Zeitgeist unterliegen.

Doch der philosophische Zeitgeist – oder richtiger – die philosophische Problemstellung im 19. Jahrhundert war und ist gegenwärtig eine ganz andere als zur Zeit der griechischen Antike. Platon ging es nicht um das Aufklaren der mittelalterlichen Finsternis, es ging ihm nicht um den Streit der monotheistischen Religionen. Platon ging es im *Timaios* um das Aufklaren des denkenden politischen Führers grundsätzlich. Bei dieser Gelegenheit brachte er dem Menschen das dynamische Denken bei. Platon rang damit, wie man aus Kreisen eine Kugel definiert, wie man das geozentrische Weltbild darstellt, wie sich Zeit und Raum überhaupt begrifflich fassen oder denken lassen. Platon ging es darum, wie man das Kreisen im Dialog umsetzt. Platon ging es darum, den Menschen als denkendes Individuum zu legitimieren.

In den angesprochenen Übersetzungen des *Timaios* vereinnahmten Transzendentalphilosophen oder Ontologen das Werk. Dabei interpretierten sie ihr viel späteres und weit fortentwickeltes Denken – ganz unmerklich – in den *Timaios* hinein, um sich dann wiederum auf Platon als Garant wahrhaften Denkens berufen zu können. Die Übersetzungen sind deshalb mit philosophischen Begriffen aus späterer Zeit wie etwa Vernunft, Verstand, Bewusstsein, Zweck etc. durchdrungen. Auch christliches Gedankengut verdunkelt den Blick auf das Werk. Der Baumeister ist nun mal weder Gott und schon gar nicht Schöpfergott, sondern schlicht Demiurg, – imaginärer Handwerker.

Die Systemische Rekonstruktion

Die Mischung aus der unzuverlässigen Quellenlage, interpretierenden und zeitgemäßen Übersetzungen führten letztendlich dazu, dass sich das Verständnis des *Timaios* immer weiter von der Gedankenwelt Platons löste. Schon die Untertitel *Wahre Physik*, *Von der Natur* oder *Die Platonische Kosmik* sind irreführend und verkennen das eigentliche Thema: Denken. Eine weitere philologische Übersetzung wäre deshalb lediglich Kosmetik der platonischen Kosmik[1].

Die Methode der Systemischen Rekonstruktion vermeidet es, den Text durch spätere Philosophie oder Theologie zu interpretieren. Vielmehr gelingt es zum tatsächlichen Kern platonischen Denkens vorzudringen. Die Systemische Rekonstruktion bricht mit der philologischen Tradition. Sie beabsichtigt weder eine wortgetreue Übersetzung noch will sie Paraphrase sein. Alleiniges Ziel der Rekonstruktion ist es, den wahren Sinn des Textes in Ergänzung der bloßen Wortbedeutung durch Auslegung der systemischen Zusammenhänge wiederherzustellen. Begriffe der späteren Philosophie wie Vernunft und Verstand werden ebenso eliminiert wie christliches Gedankengut.

Unter Beachtung der Konsistenz des Textes werden Zusammenhänge, Hintergründe, interdisziplinäre und interkulturelle Aspekte – für den Leser meist nicht erkennbar – systemisch eingearbeitet. In der Systemischen Rekonstruktion geht es allein darum, Platons Überlegungen und Gedankengänge nachvollziehbar und folgerichtig darzustellen. Es geht nicht darum, was ein Übersetzer in dem Text sehen mag oder tatsächlich sieht. Der Erfolg dieser ganz anderen Methode wird bereits in der systematisch strukturierten Gliederung des *Timaios* offensichtlich.

1 Unter dem Titel „platonische Kosmik" erschien die Übersetzung von F. Susemihl im Original 1856.

Die Systemische Rekonstruktion geht davon aus, dass die großen Werke der Weltliteratur in sich logisch, systematisch aufgebaut und durchstrukturiert sind. Das heißt, das Werk ist aus sich heraus und in sich schlüssig und konsistent. Nicht nur die Gedankenführung lässt sich innerhalb des Werks systemimmanent nachvollziehen. Auch einzelne Begriffe sind nur aus dem Kontext und aus der Entstehungszeit zu verstehen.

Die Systemische Rekonstruktion hat keine Berührungsängste mit anderen Fächern und Disziplinen. Akademische Befindlichkeiten und Zersplitterungen aufgrund Trennung in Fakultäten oder Institute bleiben unberücksichtigt. Sie ist unterdisziplinär, fächerübergreifend, und interkulturell angelegt.

An dieser Stelle dankt der Verfasser Herrn Dirk Zebisch. Ohne seine Geduld, sein profundes Wissen und seine scharfe Kritik wäre diese Arbeit nicht in dieser Gestalt erschienen. Das gemeinsame Kreisen über einzelne Probleme und deren Zusammenhänge waren von unschätzbarem Wert.

Interkulturell in Bezug auf Platon bedeutet, ihn nicht auf die antike griechische Philosophie oder gar sein früheres Werk einzuschränken. Vielmehr wird – systemisch – davon ausgegangen, dass Platon als Reisender in der damaligen Welt nicht nur Kontakte zu den Ägyptern und Syrakusern hatte sondern insbesondere auch mit dem Judentum in Kontakt kam. Interkulturell hat hier jedoch noch eine ganz aktuelle Bedeutung. So beschäftigte sich der Verfasser nicht nur gewinnbringend mit der Genesis in interkultureller philosophischer Hinsicht[2]. Seine Erfahrung durch die Übersetzung komplexer philosophischer Texte sowohl aus dem Chinesischen als auch in das Chinesische eröffneten ihm einen ganz anderen Zugang zum Text.

2 Rupert Merkle „Abrahams Friedensvision – die Genesis philosophisch interkulturell" 2012

Die Vorleistung der Philologen

Es mag zunächst befremden, einen deutschen Text ins deutsche zu übertragen. Doch zweisprachige Bücher sind eigentlich nichts Ungewöhnliches. Der Originaltext steht neben dem deutschen Text. So kritisierte Wagner 1853 in seinem Vorwort zum *Timaios* die bis dahin vorgelegten Übersetzungen:

> „Von der andern Uebersetzung aber gilt noch in viel höherem Grade das, was im ersten Bändchen dieser Platon-Uebersetzung an der Schleiermacherschen Uebersetzung gerügt worden: sie ist großentheils ohne das griechische Original nicht verständlich und an vielen Stellen selbst m i t diesem nicht“[3].

Der Schwierigkeit durchaus bewusst, Platons Gedanken aus dem Altgriechischen ins Deutsche zu übertragen, stellt Wagner seiner neuen Übersetzung den altgriechischen Text gegenüber. Die philologische Übersetzung erfordert zunächst die Konzentration auf den altgriechischen Text, auf Grammatik und Wörter, auf die möglichst wortgetreue Wiedergabe des altgriechischen Originals (Kuhn S. XI). Die vorliegenden philologischen Übersetzungen unterscheiden sich letztlich aus der Sicht des Rekonstrukteurs nur unwesentlich. Denn die Systemische Rekonstruktion erfordert eine ganz andere Arbeitsweise. Sie konzentriert sich allein auf den Inhalt, auf die Gedankenfolge. Grundlage dafür ist freilich die philologische Vorleistung mehrerer Übersetzer. Oder um mit Platon zu sprechen: Die philologische Übersetzung ist das vermittelnde Band zwischen Platon und dem Verfasser. Ihnen allen sei an dieser Stelle gedankt.

3 Wagner Fr. Wilhelm, S. VII

Der Rekonstruktion zugrunde gelegt wurde die Übersetzung von Franz Susemihl aus dem Jahre 1856. Der Text wird – aus Respekt gegenüber der Übersetzungsleistung Susemihls – ohne Veränderungen abgedruckt. Zum einen wird dem berechtigten Anliegen der Philologen genüge getan, den Charakter und die Komplexität der altgriechischen Sprache Platons wiederzugeben. Zum andern ist diese Übersetzung Susemihls ein Dokument, welches das Denken der gelehrten Welt im deutschsprachigen Raum und damit die Rezeption des *Timaios* in der zweiten Hälfte des 19. Jahrhunderts und im 20. Jahrhundert prägte. Die Systemische Rekonstruktion kann insoweit als Kommentar zur Susemihlschen Übersetzung betrachtet werden.

Das bescheidene Ziel der Systemischen Rekonstruktion ist es, Platons in seinem Spätwerk entwickelten Gedanken schlüssig darzustellen.

Neue Erkenntnisse zu Platon

Die Systemische Rekonstruktion des *Timaios* bringt neue Erkenntnisse zu Platon, die weit über den *Timaios* hinausreichen dürften. Anhand weniger Themen wird dies nachfolgend dargestellt. Gleichzeitig wird ein Einblick in die Arbeitsweise der Systemischen Rekonstruktion gegeben. Es sind Versuche, die extrem schwierige Sprache, die dichte Argumentation und die Komplexität platonischen Denkens für den Leser aufzuhellen. Eine umfassende Darstellung hier würde den Rahmen freilich sprengen. Denn zunächst geht es allein darum, Platons im *Timaios* gefasstes Denken in das kulturelle Gedächtnis zurückzurufen.

Ideenlehre

Über Platons Werk wurde gründlich geforscht. Einigkeit besteht weitgehend darin, dass seine im Höhlengleichnis entwickelte Ideenlehre das Kernstück seiner Philosophie darstellt. Die Ideenlehre mag faszinierend und einleuchtend sein, doch Platon hat sie ausdrücklich aufgegeben. Bereits Windischmann übersetzte 1804:

> „Damals entwickelten wir das Prinzip in zwey Gestalten, – nun müssen wir auch das dritte Geschlecht hinzusetzen und erörtern. Jene zwey reichten im vorhergehenden hin: die eine als des Vorbildes Nachbild, welches immer sich selbst gleich, und nur dem Verstand begreiflich, aber eine Nachahmung des Vorbildes ist; die andere entstanden uns sichtbar. Da wird nun dieser für hinlänglich erachteten, so ließen wir die dritte unentwickelt. Jetzt aber scheint es der Gang der Vernunft nothwendig zu machen, daß wir diese schwürige und dunkle Gestalt durch Worte ins Licht zu setzen trachten." (S. 77)

Susemihls Übersetzung eben dieser Stelle aus dem Jahr 1856 ist als Vorwort aufgeführt.

Platon hat seine alte Ideenlehre im *Timaios* offenkundig selbst verworfen und eine ganz neue Erkenntnistheorie dargelegt. Die bisherige Forschung hat dies – warum auch immer – nicht zur Kenntnis genommen. Die dogmatische oder philosophische Interpretation hat dunkle Schatten geworfen und den freien Blick auf dieses Werk bislang verhindert.

Wahrheitsgehalt der „Erzählung“

Gadamer weist zunächst auf den eigentümlichen Ton der Erzählung im *Timaios* hin. Dann unterstellt er jedoch, dass sich der Wahrheitsanspruch „ausdrücklich auf den Bereich des Wahrscheinlichen beschränkt, mag es sich um Erzählung (Mythos) oder um rationale Argumente (Logos) handeln" (Gadamer S. 8f).

Doch hier verkennt Gadamer, dass die Ausführungen des Timaios nicht wahrscheinlich im Sinne einer spekulativen Vermutung sind. Vielmehr handelt es sich dabei um das Wahrscheinen im Sinne der von Platon im *Timaios* entwickelten neuen Methode. Das Wahrscheinen ist der allein durch analytisches Denken verankerte Erkenntnisgewinn im Unterschied zum sinnlichen Wahrnehmen des Stofflichen. Das Entstehende/Vergehende wird durch Wahrscheinen, durch Be- und Ausleuchten erfasst und korrespondiert mit dem Wahrnehmen des Stofflichen, dem, was immer ist. Mittels der reflektierenden Methode des Wahrscheinens überführt Platon seine empirischen Erkenntnisse auf eine Metaebene des Denkens. Timaios kreist seine Dialogpartner in sein – als wahr erkanntes – Gedankenkonstrukt ein. Umgekehrt erhält der Redner wiederum eine Bestätigung seiner Gedankenführung.

Logos und Mythos

Die von Gadamer vertretene Trennung von Logos als rationale Argumentation und Mythos als Erzählung (Gadamer S. 7) ist – jedenfalls bezogen auf den *Timaios* – nicht zielführend. Zum einen kann der Begriff Logos im *Timaios* nicht lexikalische auf Rede oder Wort reduziert werden. Logos steht im *Timaios* in einem komplexen systemimmanenten Zusammenhang, der später darzustellen sein wird. Zum anderen handelt es sich bei der Rede des Timaios um einen einheitlichen schlüssigen wissenschaftlichen Vortrag gerichtet an die drei anderen Dialogpartner. Die mythische Erzählungen ergänzen vielmehr die oft schwierige rationale Gedankenführung. Denn es handelt sich dabei um Gleichnisse – insbesondere anthropozentrische – oder um Beispiele aus dem Alltagsleben wie etwa das Worfeln von Getreide. Manchmal wird es auch dazu genutzt, andere polemisch vorzuführen. Platon war ein Meister die eigentliche Provokation im Ganzen verschwinden zu lassen. Die Funktion der Mythen im *Timaios* ist zu aller erst Visualisierung der höchst komplexen und radikal neuen Gedankenführung.

Der Monolog des Timaios stellt sich so als ein – durch und durch analytisch strukturierter – wissenschaftlicher Vortrag dar, bestehend aus rationaler Argumentation mit wörtlicher Visualisierung. Gegenstand des Vortrags ist der – durch die Seele befähigte – denkende Mensch in seiner stofflichen Beschaffenheit.

Gegenstand des Vortrags ist der Mensch als denkendes Individuum.

Demiurg

Sokrates musste sterben. Er wurde verurteilt unter anderem wegen Asebie, wegen Problemen im Umgang mit den Göttlichen. Dies vor Augen war Platon gezwungen, die Götterwelt irgendwie zu respektieren. Doch in Wirklichkeit passt die bisherige Götterwelt nicht mehr in das Denken Platons. Mehrfach äußert er sich gekonnt despektierlich über die Götter und deren herrschende Abkömmlinge auf der Erde. Die Doppeldeutigkeit des Reigens der Göttlichen steht exemplarisch dafür. Die Götterwelt jedenfalls ist Platon suspekt und zwielichtig. Doch der kulturellen Überlieferung kann er sich nicht ganz entziehen, er ist dem Götterdenken kulturell verhaftet.

Platon wäre jedoch nicht Platon, wenn er dieses (kleinere) Problem nicht lösen würde. Pragmatisch baut er die Göttlichen, beruhend auf den Vorstellungen der Zeit, in das wissenschaftliche Werk ein. Sie sind zwar Bindeglied zwischen Mensch und der Natur. Doch sie werden in ihrer Stellung erheblich degradiert. Platon fingiert den Demiurgen, einen Baumeister, einen Handwerker! – Diesen setzt er den Göttern vor. Handwerker waren zwar angesehen, doch im Stand unter den Wächtern und Priestern. Handwerker ahmen nach, sie kreieren nicht. Der Demiurg muss nichts Göttliches vollbringen, er muss nicht gut sein, er straft nicht, der Handwerker leistet sachliche Arbeit, eben Handarbeit. Der Handwerker setzt – von der Natur – vorgegebenes um. Und tatsächlich, der Demiurg personifiziert den Lauf der Natur, er ordnet, bringt sie in Form, er greift nicht ein, sondern die Natur regelt sich – in der Metaebene des Denkens – in Zeit und Raum selbst. Der Demiurg ist folglich auch nicht Gegenstand der menschlichen Verehrung.

Der Meister mischt die unsterbliche Seele und beauftragt die Göttlichen das sterbliche des Menschen aus den Elementen zu bilden. Die Göttlichen nehmen die Elemente des Alls und bilden den Leib des Menschen, die Tätigkeit des Meisters nachahmend und binden die Seele in diesen ein.

II

AUS DER REKONSTRUIERWERKSTATT

In der Rekonstruierwerkstatt werden Einblicke in die Arbeitsweise des Verfassers gegeben und systemischen Zusammenhänge erörtert. Dies kann jedoch nur anhand einzelner Probleme erfolgen. Vorangestellt werden exemplarisch die Übersetzungen von Windischmann (1804), Susemihl (1856) und Kuhn (2017). So erhält der Leser nicht nur einen kleinen geschichtlichen Überblick über die Übersetzungen, sondern kann auch die Schwierigkeiten – das zähe Ringen um die richtigen Worte – beim Übersetzen nachvollziehen.

Im Folgenden wird exemplarisch auf drei Stellen eingegangen, die für das Verständnis des *Timaios* von zentraler Bedeutung sind. Zum einen handelt es sich um die Ausgangsfrage und zum anderen um die theoretische Grundlage des *Timaios*.

Aufbau von Platons *Timaios*

Die Lektüre des *Timaios* ist eine Herausforderung. Kleine spitze Feuerteilchen in Form von Pronomina durchdringen den Text und bringen ihn zum Kochen. Komplizierte Sprachgebilde – Sätze bei Susemihl mit bis zu 240 Wörtern – erfordern eher ein Rätseln denn ein Lesen. Platon kannte keine Satzzeichen. Selbst Wortabstände waren ihm fremd. Deshalb sind Interpunktion und Gliederung stets Eingriffe in den Text. Im Vordergrund der Rekonstruktion ist deshalb die Herausarbeitung seiner schlüssigen Gedankenführung.

Platons *Timaios* ist in vier Teile aufzugliedern. Dem dreiteiligen Monolog des Timaios ist der Einführungsdialog zwischen Sokrates, Timaios, Kritias und Hermokrates vorangestellt. Diese beiden Schemata durchweben das Werk, nämlich ein Dreier- und ein Vierer-Schema. Diese Erkenntnis von Triade und Tetrade als Konstruktionsprinzip ist für die Rekonstruktion von zentraler Bedeutung und dokumentiert gleichzeitig den Wandel vom zweidimensionalen zum dreidimensionalen Denken. Auf die Gliederungsübersicht im Anhang des Textteils wird hier verwiesen. Triade und Tetrade stehen sich jedoch keineswegs gegenüber, sondern sind ineinander verschachtelt. Der *Timaios* ist deshalb aufzugliedern in die dreiteilige Rede des Timaios und den Einführungsdialog. Im Monolog werden das Denken, der Körper, und schließlich der über Denken und Körper definierte Mensch thematisiert. Der Eingangsdialog thematisiert den Wächter, den neuen Staatsmann, den Herrscher, der dynamisch Denken kann.

Die vier Teile sind eigenständig und in sich abgeschlossen. Um dieses zu betonen, wird jedem Teil ein eigener Band gewidmet. Bereits hier setzt sich die Rekonstruktion von den bisherigen Darstellungen ab. Es geht nicht primär um das geozentrische Weltbild und die Atomistik, sondern im Monolog des Timaios geht es um das, was wir heute Denken nennen, das Stoffliche und das beide vermittelnde Band, den Menschen. Zum zweiten ist es so möglich, den Einführungsdialog zwischen Sokrates, Timaios, Kritias und Hermokrates an vierter Stelle zu behandeln. Denn deren Gespräch, insbesondere auch die Erzählung von Atlantis, ist nur nach Lektüre des Monologs zu verstehen.

Die Grundüberlegung: Seiendes und Werdendes

Ganz am Anfang des Monologs [28a] stellt Timaios die Ausgangsfrage. Diese wird von verschiedenen Autoren wie folgt übersetzt:

> „Nach meiner Meinung ist zuerst zu unterscheiden, was das E w i g e und U r s p r u n g s l o s e, und dann, was das E n t s t a n d e n e s e y, welches niemals w i r k l i c h ist." (Windischmann S. 39)
> „Wie haben wir uns das immer Seiende, welches kein Werden zulässt, und wie das immer Werdende zu denken, welches niemals zum Sein gelangt?" (Susemihl § 33)
> „Was ist das, was immer ist und kein Werden hat, und was ist das, was immer wird, niemals aber ist?" (Kuhn [28a])
> „(§ 33) Zunächst müssen wir klar unterscheiden: Wie müssen wir das betrachten, was immer ist und ein Entstehen/Vergehen niemals hat, und wie müssen wir das betrachten, was entsteht/vergeht aber niemals immersein wird." (Merkle [28a])

Letztere Übersetzung ergibt sich aus der systemischen Rekonstruktion: Das, was immer ist – das Stoffliche – ist sinnlich wahrnehmbar. Das Entstehende/Vergehende ist vom Stofflichen strikt zu unterscheiden. Das Entstehende/Vergehende ist das reine Denken, exakter der Denkprozess. Der Begriff des Denkens war Platon in der heutigen Bedeutung fremd. Vielmehr spricht Platon in Analogie zu den Wandelsternen vom Kreisen. Dieses ist nur durch das Wahrscheinen zu erfassen.

Damit widerlegt Platon bereits ganz am Anfang seine im Höhlengleichnis dargestellte Theorie der Wiedererinnerung. Das Intelligible ist nicht in der Seele als Idee verhaftet sondern entstehend und vergehend; der Gedanke oder die Idee taucht auf und verschwindet. Gemeint sind damit in erster Linie abstrakte Begriffe, die nur durch das Denken erfasst werden können wie etwa Weltall, Raum, Zeit, Verhältnis. Diese sind nicht durch Wahrnehmen oder Erinnerung, sondern eben durch den Prozess des denkerischen Erkenntnisgewinns erfassbar. Schon mit der Fragestellung nach der Unterscheidung des Stofflichen und dem nur Denkbaren ist offensichtlich, dass die Anamnesis, die Wiedererinnerung an eine in der Seele wohnenden Idee, im *Timaios* keine Rolle mehr spielt.

Der Analogiesatz[4]

Nachdem der Redner Timaios festgestellt hat, dass es nur eine Welt geben kann, die im Übrigen aus Erde und Feuer zusammengefügt ist, fragt er nach dem vermittelnden Band, das in einem analogen Verhältnis stehen muss. Die Bezeichnung Proportion wird hier vermieden, da sie zu sehr mathematisch aufgefasst werden kann. Die Reduktion des Analogiesatzes auf Mathematik und Geometrie mag naheliegend sein. Mittels der systemischen Rekonstruktion kann jedoch aufgezeigt werden, dass dieses Verständnis nicht zielführend ist.

In den Übersetzungen liest sich die Stelle [32a] wie folgt:

> Windischmann: „Dass Zwey aber Eins seyen, ist ohne eine Drittes unmöglich: denn ein verknüpfendes Band muß in der Mitte die beiden vereinigen. Das schönste aber unter allen vereinigenden Dingen ist dasjenige, welches sich selbst und die gebildeten Dinge zur vollkommensten Einheit bringt. Dadurch kann allein die schönste Analogie in beide kommen. Wenn nämlich unter drey Zahlen o Massen o Kräften[5] sich die mittlere verhält zur letzten, wie die erste zu ihr; und hinwiederum die mittlere zur ersten, wie die letztere zur mittlern; so wird die mittlere zur ersten und letzten geworden seyn, und die letzte und die erste zur mittlern." (Windischmann S. 47 f.)

4 Die Entschlüsselung dieses schwierigen aber grundlegenden Satzes im *Timaios* verdanke ich Herrn Dirk Zebisch.

5 „o": Windischmann, S. 48, verwendet folgende Glyphe:

Zahlen o Massen o Kräften sich die mittlere verhält zur

Susemihl: „Dies aber auf das Schönste zu bewirken, ist die Proportion da. Denn wenn von drei Zahlen oder Massen oder Kräften von irgend einer Art die mittlere sich eben so zur letzten verhält, wie die erste zu ihr selber, und ebenso wiederum zu der ersten wie die letzte zu ihr selber, dann wird sich ergeben, daß, wenn die mittlere an die erste und letzte, die erste und letzte dagegen an die beiden mittleren Stellen gesetzt werden, das Ergebnis nothwendig ganz dasselbe bleibt; bleibt dies aber dasselbe, so sind sie alle damit wahrhaft unter einander Eins geworden. (Susemihl § 42)
Kuhn: Das schönste Band aber ist das, das sich selbst und das Verbundene, soweit möglich, zu einer Einheit macht, das aber bewirkt von Natur am ehesten ein Entsprechungsverhältnis. Denn wenn von drei Zahlen, sei es von Körpern (im Raum), sei es von Potenzen (in der Fläche), von denen es nun also das Mittlere gäbe, das in Bezug auf das Letzte das ist, was das Erste in Bezug auf es ist und wiederum noch einmal, was das Letzte in Bezug auf das Mittlere, das Mittlere in Bezug auf das Erste ist, dann ist das Mittlere Erstes und Letztes geworden, das Erste und das Letzte wiederum beide Mittleres, und so notwendigerweise alles als dasselbe sich ergeben, sind sie aber dasselbe füreinander geworden, werden sie alle Eins sein. (Kuhn [32a])

Die Systemische Rekonstruktion beruht auf folgenden Überlegungen: Platon formuliert seine Verhältnislehre [32a] in reiner Abstraktheit. Ausgehend von der Beobachtung der Erde und dem Feuer stellt er fest, dass diese beiden Pole durch ein Band verbunden sein müssen und kommt zu dem Schluss, dass sich zwischen Erde und Feuer etwas Drittes, dass Mittlere oder das mittelnde Band, befinden müsse. Die entscheidende Botschaft: zwischen der zur Masse verdichteten Erde und dem als Kraft oder Energie nach oben flüchtenden Feuer gibt es einen Zusammenhang, der das Gesamte zur Einheit formt. Damit stehen die drei Glieder Erde, Feuer und das Band nicht in einem linearen oder zahlenmäßigen oder messbaren Gleichheitsverhältnis. Die drei Glieder zeichnen sich durch die Verschiedenheit aus. Ersetzt man die drei Glieder durch Stoff (Erde), Denken (Feuer) und Mensch (Band) ergibt sich nicht nur die Verschiedenheit der drei Glieder, sondern ein Beziehungsverhältnis.

Die Kernaussage dieses Analogiesatzes ist somit: In diesem Verhältnis sind alle drei Glieder notwendig. Fehlt nur ein einziges Glied, bricht das System zusammen, bricht die Einheit auseinander.

Diese – auf dem Zweidimensionalen (Dreieck) beruhende – Erkenntnis überträgt Platon unmittelbar danach auf das Dreidimensionale. Das heute für die Darstellung des Raumes vorliegende Koordinatensystem wurde erst viel später entwickelt! Auf der Grundlage der empirischen Erkenntnis, dass das Weltgebäude räumlich ist, erklärt er den Raum mit Hilfe des aus vier Flächen bestehenden Tetraeders. Dieser benötigt mindestens neben Feuer und Erde zwei weitere Mittelglieder (Luft und Wasser), andernfalls wäre der Körper nicht räumlich. Denn mit nur drei Flächen lässt sich nun mal kein abgeschlossener Körper mit ebenen Flächen darstellen.
In der Abstraktion ergibt sich somit ein Erstes, ein Mittleres und ein Letztes. Dieses drei Glieder sind in diesem System zwar verschieden, doch alle drei sind für das System notwendig. Ein Glied kann nicht ohne das andere Glied sein. Drei bilden eine Einheit. Die Wertigkeit der drei Glieder ist gleich. Sie entsprechen sich, stehen in einem Verhältnis. Platon nennt es analog.

Aufgrund dieser rekonstruktiven Überlegung ergibt sich folgende Übersetzung:

> „Dieses Schönste zu bewirken, dazu ist die Analogie da: Betrachtet man die Bezugsverhältnisse der drei [Glieder] zu einander, sei es die [Erd-] Masse, sei es die [Feuer-] Kraft oder das beide verbindende, bleiben die Verhältnisse unter folgenden Bedingungen notwendig dieselben: [32a]
> - wenn von dreien das Mittlere sich zum Letzten so verhält, wie das Erste zum Mittleren, und
> - dieses Mittlere wiederum zum Ersten wie das Letzte zum Mittleren,
> - dann ergibt sich daraus,
> - dass das Mittlere an die erste oder letzte Stelle
> - und die erste oder letzte dagegen jeweils an die mittlere Stelle gesetzt werden kann.
>
> So bleiben die Bezugsverhältnisse notwendig dieselben. Und weil diese dieselben bleiben, bilden sie zusammen eine Einheit (Merkle [32a]).

Im Kontext des 32a geht es keinesfalls um Zahlen oder Geometrie, geht es weder um Flächen noch um Körper. Dieser Satz lässt sich zwar – ohne weiteres – auf das gleichseitige Dreieck anwenden. Doch viel interessanter ist die Anwendung auf andere systemische Zusammenhänge, wie etwa Ursache und Wirkung. Letztlich findet genau dieses Prinzip Anwendung auf die Mischung der Seele. Diese wird nämlich gemischt aus dem

- ersten, dem Stofflichen, Festen, Unwandelbaren einerseits
- dem letzten, dem Gedachten, Beweglichen, Wandelbaren andererseits sowie
- dem mittleren oder dazwischen liegenden, welches aus dem ersten und letzten gemischt wird.

Oder anders ausgedrückt: aus dem, was immer ist (Erde) und dem, was entsteht/vergeht (Feuer = Denken) und dem Dritten, der Mischung aus beidem, wird die Seele als Einheit gebildet.

Eine erste Antwort auf die Ausgangsfrage

In den Übersetzungen werden die Ausführungen zur Notwendigkeit, dem zweiten Teil des Monologs, mit folgendem Satz eingeleitet:

> „Der bisherige Vortrag hat bis auf ein Geringes die Werke des Verstandes gezeigt.“ (Windischmann S. 75)
> „In dem bisher Durchgegangenen sind denn nun, weniges nur noch ausgenommen, die Wirkungen der Vernunft dargelegt worden.“ (Susemihl [§ 88])
> „Die vorangegangenen Ausführungen also haben bis auf kurze Punkte das aufgezeigt, was durch Vernunft geschaffen ist.“ (Kuhn [48a])

Doch im ersten Teil des Monologs geht es weder um Verstand noch um Vernunft. Es geht um das dynamische Denken, das menschliche Denken überhaupt. Es geht um die Verbindung von Wahrnehmen und Wahrscheinen und das kreisende Band: Platon selbst beschreibt es – systemisch rekonstruiert – wie folgt:

„Den wirklichen Grund dafür, dass der Baumeister uns die Sehkraft verliehen hat, finden wir – nach obigen Ausführungen – darin, dass wir so das Kreisen [der Seele] im Weltgebäude betrachten können. Dieses Kreisen können wir so auf das Kreisen in uns selbst übertragen, denn das Kreisen der Seele im Weltgebäude ist mit dem in uns verwandt. Aufgrund der genauen Erforschung und der Berechnung des richtigen Laufes der – den göttlichen Wesen entsprechenden – himmlischen Kreisbewegungen sind wir nun in der Lage, unser Überlegen selbst zu ordnen. Indem wir die – von allem Wirrungen befreiten – göttlichen Kreisbewegungen nachahmen."

„Stimme und Gehör [47d] wurden uns aus nämlichem Grund von den Göttlichen als Hilfsursachen geschenkt. Auch die Sprache ist zur Vervollkommnung bestimmt und trägt den größten Teil dazu bei. Ebenso ist die musikalische Anwendung der Stimme uns verliehen, um uns neben dem Gehör die Harmonie zugänglich zu machen.

Die Harmonie – deren himmlische Kreisbewegungen mit denen der Seele verwandt sind – erscheint demjenigen, der die Musen pflegt, nicht als bloßes Vergnügen, wie viele es betrachten. Vielmehr dient uns die Harmonie – uns von [47e] den Musen als Helferin verliehen – um die Kreisbewegungen der Seele in uns wieder zur Ordnung und Übereinstimmung mit sich selber zurückzuführen, wenn sie in Zwiespalt geraten waren.

Gleichfalls dient uns der Takt – auch diese ist uns von den Musen als Helfer gegeben – zur Unterstützung der geordneten Seelenbewegung, zum einen wegen der Unregelmäßigkeit in uns und zum andern wegen des der inneren Anmut entbehrenden Wesens der Meisten." (Merkle 47 c, d, e)

Eindrucksvoller lässt sich der erste Teil des *Timaios*-Monologs nicht zusammenfassen. Jedenfalls ist die Erkenntnis-Konzeption des Höhlengleichnisses damit obsolet. Der Mensch erinnert sich nicht an irgend eine Idee, sondern der Mensch erkreist sich seine Erkenntnis – die Bewegung der Wandelsterne im Weltall nachahmend – im Kopf. Der Mensch denkt dynamisch. Und Platon [47e] bringt es auf den Punkt:

> „Nun haben wir das Wesen der Seele dargelegt."

III

SECHS GRÜNDE FÜR DAS STUDIUM DES *TIMAIOS*

Platons Kosmogonie, Mathematik, Atomistik und Medizin sind heute überholt. Diese Themen mögen für Museumswissenschaftler interessant sein. Doch es gibt andere gewichtige Gründe, sich mit dem *Timaios* zu beschäftigen.

Wirkung innerhalb der Gräzistik

Das neue Denken über und zu Platon dürfte zunächst Auswirkungen auf die Interpretation von Platons Gesamtwerk zeitigen. Es ist davon auszugehen, dass Platons frühere und spätere Werke klarer zu unterscheiden sind. Von Interesse dürfte auch das Verhältnis Platons zu Aristoteles und anderen Denker nach ihm sein.

Die Wirkungsgeschichte des *Timaios*

Im *Timaios* hebt Platon das Denken auf eine ganz neue Abstraktionsebene. Wir dürfen nicht vergessen, der Begriff „Denken" ist heute so selbstverständlich, dass die eigentliche Leistung Platons nicht ohne weiteres erfasst werden kann. Spannend wird es deshalb sein, wie sich die neue Sicht auf Platons *Timaios* wirkungsgeschichtlich niederschlägt. Denn wirkungsgeschichtlich gilt der *Timaios* – neben der *Politeia* – als der bedeutendste Dialog Platons. Insbesondere dürften sich im Hinblick auf das hellenisierte Judentum, die Aufklärung und die Rezeption des *Timaios* am Ende des 19. und beginnenden 20. Jahrhunderts überraschende Ergebnisse zeigen.

Timaios und wissenschaftliches Arbeiten

Zweitens ist die methodische Bedeutung des Monologs in der Literatur, insbesondere in der Wissenschaftsliteratur nicht erkannt. Die systematische Entwicklung der Gedankengänge, die klare Struktur im Aufbau, das Spiel von Theorie und Visualisierung, methodische Aspekte zum wissenschaftlichen Arbeiten, die Beschreibung von Experimenten, die Argumentation, Empirik, Analytik – sind alle Grundlagen heutigen wissenschaftlichen Arbeitens. Jeder Gedanke führt zu einem Erkenntnisgewinn, wenn auch die Ausführungen zur Körperlehre und das geozentrische Weltbild wissenschaftlich überholte Theorien sind. Jedenfalls – die wissenschaftliche Methode hat überlebt!

Timaios als Grundlage der Demokratie

Drittens ist im *Timaios* die Grundlage des Menschen als Individuum und damit der Demokratie gelegt. Zu jener Zeit legitimierten sich die Herrschenden über die Wandelsterne, über Sonne und Mond, über Venus, Jupiter, Mars, Merkur, Saturn. Platon deutet dies im Reigen der Göttlichen an. Doch die Wandelsterne werden entgöttlicht, werden zu Zeitanzeiger degradiert; den Herrschenden wird die Legitimationsgrundlage entzogen. Vielmehr erhält jeder rechtschaffene Denker seinen Stern in dem mit unzähligen Fixsternen bestückten Firmament. Zu diesem Stern kehrt die unsterbliche Seele nach dem Tod zurück. Es ist die Individualisierung der Person und die Demokratisierung des zum Dialog fähigen dynamisch denkenden Bürgers.

Timaios als Grundlage für einen globalen Dialog

Viertens erhält der *Timaios* im heutigen globalen Kontext eine ganz aktuelle Bedeutung. So beruht die Beschäftigung mit Platons *Timaios* auf der Auseinandersetzung mit Junyi TANG (1909–1978). In seinem voluminösen Werk differenziert er westliches und östliches Denken und arbeitet die Eigenständigkeit des indischen und chinesischen Denkens heraus. Huntington antwortet in Kampf der Kulturen mit der Aufforderung, die westlichen Werte zu retten (vgl Huntington S. 513). Anstatt auf Dialog mit den – nach Kolonisation und Krieg – reanimierten Kulturen zu setzen, vertieft Huntington den Graben zwischen Okzident und Orient. Die Konzeption von Junyi TANG hingegen zielt auf Dialog. In seiner 9-Welten-Theorie entwirft er ein System, in dem westliches, indisches und chinesisches Denken vereint sein wollen.

Die heutige – globale – Herausforderung der Philosophie ist der Dialog mit anderen Denksystemen. Um aber mit diesen in den Dialog zu treten, ist zunächst der eigene Ausgangspunkt klar zu bestimmen. Timaios sagt:

> „Grundsätzlich ist bei jeder Untersuchung eines Gegenstandes zunächst zu überlegen, was als Ausgangspunkt genommen wird.“ [Susemihl 28b]

Diesen Ausgangspunkt entwickelte Platon vor circa 2500 Jahren. Im *Timaios* entwarf er ein neues Menschenbild: den individuell, abstrakt und analytisch denkenden Menschen. Grundlage dafür ist der Dialog der kreativ denkenden Menschen. Dieses Menschenbild ist prägend für unserer abendländische Kultur. Es ist das Bild des methodisch nach wahrer Erkenntnis strebenden Menschen.

Asiaten denken anders. Insofern ist der *Timaios* hervorragend geeignet, die abendländische Kultur gerade im Hinblick auf das Denken anderer Kulturen grundlegend zu beschreiben. Für deren Forscher ist Platons *Timaios* eine Quelle erster Güte. Wer sich in Asien mit dem Abendland beschäftigt, kommt um Platon und *Timaios* nicht herum. Und wer in Dialog mit den Asiaten tritt, sollte Bescheid wissen.

Platons *Timaios* ist ein vortreffliches Referenzwerk des abendländischen Denksystems. Er verkörpert die philosophische Denkstruktur wie kein anderes Werk.

Die kreisende „Weltseele"

Gerade im Hinblick auf die Globalisierung muss auch die Konzeption der „Weltseele" näher beleuchtet und auf den Prüfstand gestellt werden. Der *Timaios* ist anthropozentrisch. Nicht wird die Weltseele in den Menschen hineinversetzt. Vielmehr ist es umgekehrt: Maßstab von Platons Wissenschaft ist der Mensch. Platon abstrahiert und reflektiert den Menschen – sehr distanziert – aus der Sicht des Baumeisters, des Demiurgen, der er im Hintergrund selbst ist. Platon konstruiert – oder richtiger dekonstruiert – im ersten Schritt das Weltgebäude aus dem Menschen oder genauer: dem menschlichen Kopf. Im zweiten betrachtet er empirisch das harmonische Kreisen der Wandelsterne als Abbild der Zeit. Im dritten Schritt überträgt er dann wiederum dieses Kreisen – zur Seele verdichtet – in den Kopf des irdischen Menschen.

Ausgangspunkt ist also das Kreisen im Kopf, dieses leitet Platon vom Kreisen der Sterne im Weltall als Ursache für das Denken ab. Die Rede ist das durch das Kreisen bewirkte. Die denkende Betrachtung der Sterne ist also ein Hilfsmittel zur Erklärung des Denkens überhaupt.

So kam die unsterbliche Denkerseele in den Kopf des lebendigen, denkenden Menschen, wo sie seitdem kreist. Das Erlebnis dieses Kreisens, das gerade auch beim Lesen komplexer Ideen entstehen kann, ist durchaus normal. Man nennt es heute ganz einfach: Sinnieren, Überlegen, Grübeln, Denken, Nachdenken.

Die Ursache des Denkens ist die Seele im Kopf!

IV

ZUM TEXTTEIL

Übersetzung und Rekonstruktion

Wenn nun ein deutschsprachiges Werk ins Deutsche übertragen wird, mag dies ungewöhnlich sein. Doch Timaios sagte:

> „Zu beachten ist, dass die Darstellungsweise selbst mit dem darzustellenden Gegenstand verwandt ist. Die Darlegung – sowohl des Bleibenden und Beständigen als auch des im Lichte der Vorstellung sagbaren – hat deshalb selbst das Gepräge des Bleibenden und Unumstößlichen an sich. (Tim [29c])

Im Folgenden wird deshalb Franz Susemihls Übersetzung des *Timaios* aus dem Jahr 1856 neben die heutige Rekonstruktion gesetzt. Wie oben schon erwähnt, sind sowohl seine als auch die Übersetzungen anderer Philologen die Grundlage der Rekonstruktion.

Technische Hinweise

Um die Systemische Rekonstruktion mit weiteren Übersetzungen oder Paraphrasen vergleichen zu können, wird die Stephanus-Paginierung eingefügt. Diese Seitennummerierung erscheint in eckige Klammer [47e]. Notwendige Satzumstellungen führen dazu, dass es sich lediglich um circa-Angaben handeln kann.

Susemihl gliedert die Übersetzung in Paragraphen und verzichtet auf Gliederungsüberschriften. In der systemischen Rekonstruktion ist die Gliederung von überragender Bedeutung. Der Susemihl'sche Text wurde deshalb bei der Gegenüberstellung zur leichteren Vergleichbarkeit der Gliederung der Systemischen Rekonstruktion angepasst.

Gliederung des Textteils

Die Gliederung ist das Verständnis des *Timaios* eine wesentliches Ergebnis der Systemischen Rekonstruktion. Der erste Teil des Monologs lässt sich in die vier Abschnitte unterteilen:

I Neues Denken über den Anfang des Weltalls

II Die Beseelung des Weltgebäudes

III Die Belebung des Weltgebäudes

IV Die Seele im Kopf

Diese wiederum lassen sich jeweils in drei weitere Ebenen unterteilen. Die vollständige systematische Gliederung befindet sich im Anhang. Vor die Unterabschnitte werden jeweils deren Gliederungen zur Einführung eingefügt. Weiter wird zur leichteren Orientierung des Lesers die Abschnittsüberschriften in der Kopfzeile auf der linken, die Unterabschnittsüberschriften in der Kopfzeile auf der rechten Seite abgedruckt.

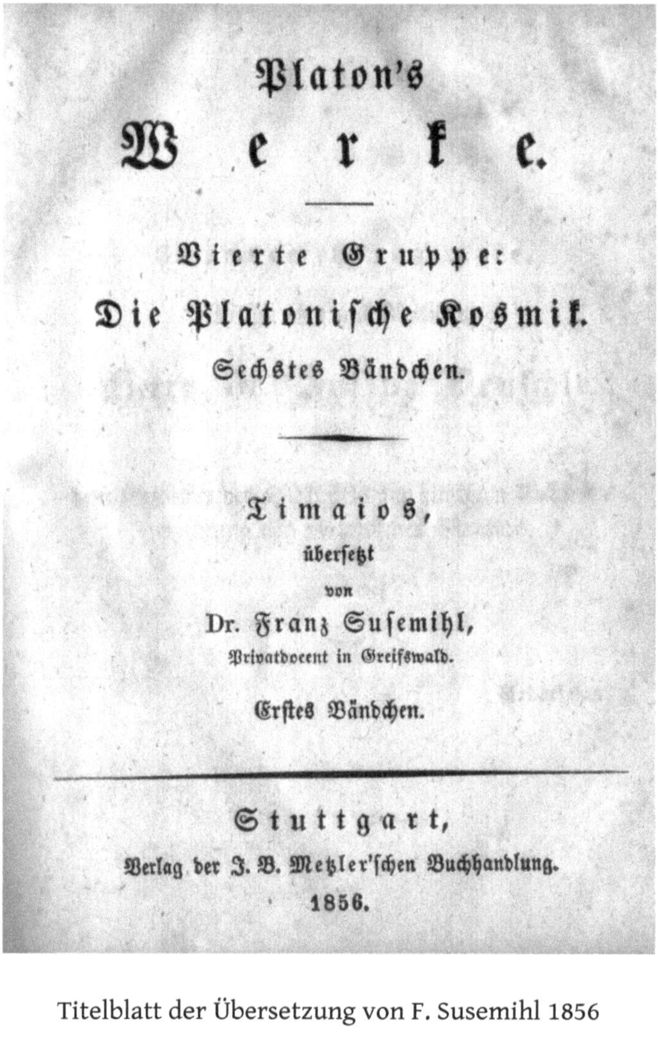

Platon's
Werke.

Vierte Gruppe:
Die Platonische Kosmik.
Sechstes Bändchen.

Timaios,
übersetzt
von
Dr. Franz Susemihl,
Privatdocent in Greifswald.

Erstes Bändchen.

Stuttgart,
Verlag der J. B. Metzler'schen Buchhandlung.
1856.

Titelblatt der Übersetzung von F. Susemihl 1856

B

Platon: *Timaios*

Die Seele im Kopf

– Erster Band –

übersetzt
von
Franz Susemihl (1856)

systemisch rekonstruiert
von
Rupert Merkle (2020)

Stephanus-Paginierung 27b – 48a
Susemihl § 31 – § 88

I

NEUES DENKEN ÜBER DEN ANFANG DES WELTALLS

Einführung

(§ 31) SOKRATES: Recht vollständig und glänzend scheint ja meine Gegenbewirthung durch (eure) Reden zu sollen. Deine Aufgabe, wie ich denke, Timaios, wäre es denn also hiernach, jetzt zunächst zu sprechen, nachdem du zuvor, wie der Brauch es fordert, die Götter angerufen hast.

(§ 32) TIMAIOS: Traun, lieber Sokrates, tun doch das wohl Alle, die auch nur ein wenig Ueberlegung besitzen: rufen doch sie Alle wohl beim Beginne eines jeden Unternehmens, mag es nun geringfügig oder bedeutend sein, stets einen Gott an. Und wir, die wir gar über das All zu sprechen im Begriffe sind, nämlich in wie fern es entstanden ist oder aber unentstanden von Ewigkeit war, müssten ja ganz und gar den Verstand verloren haben, wenn wir nicht die Götter und Göttinnen anrufen und von ihnen erflehen wollten (daß es uns gelingen möge), das Ganze vor Allem nach ihrem Sinne, sodann aber auch in Übereinstimmung mit uns selber darzulegen. Und so mögen denn die Götter eben hierum angerufen sein,

An uns selbst aber haben wir den Anruf und die Anfrage zu stellen, auf welche Weise ihr eurerseits am leichtesten ein Verständnis der Sache gewinnen, ich für mein Theil aber den vorliegenden Gegenstand am deutlichsten so, wie ich über ihn denke, zum Ausdruck bringen möge.

Einführung

Das neue Denken und die Göttlichen

Sokrates beauftragt Timaios

SOKRATES: [27b] Mit euren Reden bewirtet ihr meinen Gegenbesuch vollkommen und glänzend. Deine Aufgabe, Timaios, ist es nun mit der Rede zu beginnen, nachdem du – dem Brauch gemäß – die Göttlichen angerufen hast.

Erflehen göttlichen Beistandes

(§ 32) [27c] TIMAIOS: Lieber Sokrates, alle, die nur ein wenig überlegen, rufen zu Beginn eines Unternehmens – mag dieses geringfügig oder bedeutsam sein – stets die Göttlichen an. Und gerade für uns wäre es die größte Torheit, wenn wir die Göttlichen nicht anriefen. Denn unser Thema ist doch die Entstehung des Alls. Es geht nämlich um die Frage, ob das All einst erst ins Entstehen gelang oder ob es unentstanden schon immer war. Deshalb erflehen wir von den Göttlichen diese unsere Darstellung in ihrem Sinne zu verstehen. Die Göttlichen mögen hiermit angerufen sein.

Darstellung des neuen Denkens

Doch muss diese Darstellung aber auch in Übereinstimmung mit uns selbst geschehen. [27d] Uns müssen wir zurufen und fragen, wie wir am leichtesten Verständnis für die Sache gewinnen können. Ich hingegen muss mich fragen, wie ich den vorliegenden Gegenstand – meinen Überlegungen gemäß – klar und deutlich vortragen kann.

(§ 33) Man muß nun nach meiner Meinung zuerst folgendes unterscheiden und feststellen: Wie haben wir uns das immer Seiende, welches kein Werden zulässt, und wie das immer [p 28] Werdende zu denken, welches niemals zum Sein gelangt?

Nun, das Eine als dem Denken vermöge des vernünftigen Bewußtseins erfaßbar, eben weil als ein Solches, welches immer dasselbe bleibt, das Andere dagegen als der (bloßen) Vorstellung vermöge der bewußtlosen Sinneswahrnehmung zugänglich, eben weil als ein Solches, welches dem Entstehen und Vergehen ausgesetzt und nie wahrhaft seiend ist.

Alles Werdende muß ferner durch irgendeine Ursache werden, denn es ist unmöglich, daß etwas ohne irgendeine Ursache entstehe. Soweit nun der Urheber dabei [stets] auf dasjenige hinblickt, welches (immer) dasselbe bleibt, und sich einer Wesenheit aus diesen Gebiete als seines Urbildes bedient, um danach die Gestalt eines Dinges und den Inbegriff seiner Kräfte hervorzubringen, wird es nothwendigerweise sodann in allen Stücken vortrefflich gerathen; soweit er aber auf das Gewordene hinblickt und sich eines Urbildes bedient, welches selber dem Entstandenen angehört, in so weit nicht vortrefflich.

Vorüberlegungen

Unterscheidung von Nachahmung und Denken

(§ 33) Zunächst müssen wir klar unterscheiden: Wie müssen wir das betrachten, was immer ist und ein Entstehen/Vergehen niemals hat, und wie müssen wir das betrachten, was entsteht/vergeht aber niemals immer-sein wird. [28a]

Wahrnehmen und Wahrscheinen

Nun, wir stellen fest: Das Stoffliche, das immer dasselbe bleibt, ist – mittels der Wahrnehmung – erfassbar, eben weil es [als Stoffliches] immer dasselbe bleibt. Das Entstehen/Vergehen hingegen ist nur der puren Vorstellung – mittels des Wahrscheinens – zugänglich. Eben darum, weil es als ein Solches – dem Entstehen und Vergehen ausgesetzt – niemals wahrnehmbar ist

Die Welt: nachgeahmt oder entstanden

Doch auch dieses Entstandene/Vergehende muss durch irgendeine Ursache ins Entstehen gelangen; denn es ist unmöglich, dass etwas ohne irgend eine Ursache entsteht. [So stellt sich die Frage:]

Blickte der Urheber bei der Schaffung dieser Welt nur auf das Stoffliche, das immer dasselbe bleibt, und ahmte jene Beschaffenheit als das Urbild für das [Welt-] Gebilde nach? [28b] Dann wäre die Welt notwendig vortrefflich geraten.

Blickte aber der Urheber auf ein Urbild, das selbst ein Entstehendes/Vergehendes ist, dann wäre das Gebilde insoweit keinesfalls vortrefflich geraten.

Die neue wissenschaftliche Methode

(§ 34) Von dem ganzen Weltgebäude nun oder Weltall – oder, wenn irgend ein anderer Name am meisten genehm ist, so sei ihm dieser von uns beigelegt – ist eben hiernach zunächst zu untersuchen, was überhaupt bei jedem Gegenstand der Untersuchung als Ausgangspunkt zu Grunde gelegt werden muß, ob es immer war und nicht erst, in das Werden eintretend, einen Anfang genommen hat, oder ob es entstanden und von einem Anfange ausgegangen ist.

Es ist entstanden, denn es ist sichtbar und fühlbar und hat einen Körper; Alles so Beschaffene aber ist sinnlich wahrnehmbar, und das sinnlich Wahrnehmbare, welches der Vorstellung mit Hilfe der Sinne zugänglich ist, erschien uns als das Werdende und Entstandene.

Das Werdende, sagten wir dann ferner, müsse nothwendig durch irgendeine Ursache werden. Den Schöpfer und Vater dieses Alls nun (freilich) ist es schwierig zu finden, und wenn man ihn gefunden hat, unmöglich, sich für Alle verständlich über ihn auszusprechen;

Ursache für die Entstehung des Alls

Ausgangsüberlegung

(§ 34) Grundsätzlich ist bei jeder Untersuchung eines Gegenstandes zunächst zu überlegen, was als Ausgangspunkt genommen wird. Bei der Untersuchung des Weltgebäudes, Weltalls – oder, wenn euch ein anderer Name geeigneter erscheint – als Ganzes ist deshalb zunächst der grundlegende Ausgangspunkt zu formulieren: War das All [stofflich] schon immer? Oder wurde es vielmehr erst ins Entstehen/Vergehen gesetzt?

Feststellung: das All ist entstanden!

Denn es ist sichtbar, fühlbar und hat einen Körper. Alles so Beschaffene ist sinnlich wahrnehmbar. Das sinnlich Wahrnehmbare, welches [28c] aber nur mittels der Vorstellung zugänglich ist, erscheint uns als das zum Entstehen/Vergehen gelangte.

Frage nach der Ursache des Entstehens

Das Entstandene – so sagten wir – muss aber notwendig durch irgendeine Ursache geworden sein. Einen Ursächlichen [Göttlichen] jedoch für den Bau des Alls zu finden ist müßig. Und wenn man ihn gefunden hat, wäre es unmöglich über ihn überhaupt [ein-] verständlich zu sprechen.

doch muß man in Betreff seiner wiederum dies untersuchen, nach welchem von beiderlei [p 29] Urbildern er als Baumeister die Welt gebildet hat, ob nach Demjenigen, welches stets dasselbe und unverändert bleibt, oder aber nach dem Entstandenen.

(§ 35) Wenn nun aber doch diese Welt schön und vortrefflich und der Meister gut und vollkommen ist, so ist es offenbar, daß er nach dem Ewigen schaute, wenn dagegen der Fall eintritt, welchen auch nicht einmal auszusprechen erlaubt ist, dann nach dem Entstandenen. Eben hiernach ist es nun schon Jedermann klar, daß er nach dem Ewigen blickte, denn die Welt ist das Schönste von Allem Entstandenen und der Meister ist der beste und vollkommenste von allen Urhebern.

So ist denn jene als eine solche ins Leben gerufen worden, die nach dem Urbilde dessen entstanden, was der Vernunft und Erkenntnis erfaßbar ist und beständig dasselbe bleibt. (§ 36) Schreiten wir nun auf diesen Grundlagen zur Betrachtung dieser unserer Welt, so ist sie eben hiernach ganz nothwendigerweise ein [bloßes] Abbild von etwas [Ewigem].

Das durch Denken erfassbare All

Abbild des Stofflichen oder des Entstehenden/Vergehenden

[29a] Im Hinblick auf das Ursächliche ist allerdings zu untersuchen, nach welchem der beiden „Urbilder" der Baumeister das All gebildet hat. War es das Urbild des Stofflichen – stets dasselbe bleibend und unveränderlich? Oder aber war es das Urbild des Entstehenden/ Vergehenden?

Das Beste und Vollkommenste für das All

(§ 35) Diese Welt ist schön und vortrefflich und der Baumeister ist gut und vollkommen! Somit ist es offenbar, dass der Baumeister das Ewige im Blick hatte. Träte hingegen der Fall ein – dessen Nennung nicht einmal erlaubt ist – dann nach dem [stofflichen] Urbild. Schon hier ist jedermann klar, dass der Baumeister nach dem Ewigen blickte. Denn die Welt ist das Schönste von allem Entstandenem und der Bildner der Beste und Vollkommenste unter allen Urhebern.

Die stoffliche Welt ist nur durch Denken erfassbar

So ist die Welt ins Leben gerufen worden als Entstehendes/Vergehendes. Sie bleibt zwar als Beständiges dasselbe, doch ist sie nur mittels sinnlicher Wahrnehmung in der Vorstellung erfassbar ist. (§ 36) [29b] Betrachten wir nun unsere Welt auf dieser Grundlagen, ergibt sich ganz notwendig, dass sie ein bloßes Abbild von etwas ist.

Nun ist es aber bei jeder Frage von der höchsten Wichtigkeit, (gerade) ihren Ausgangspunkt sachgemäß zu behandeln, und so muß denn auch zwischen der Art, wie man von dem Abbilde und der, wie man von seinem Urbild zu handeln hat, (sofort) feste Grenzen ziehen, indem man erwägt, daß die Darstellungsweise mit den Gegenständen, welche sie zum Verständnisse bringen soll, auch selber verwandt ist, und daß daher die Darlegung des Bleibenden und Beständigen und im Lichte der Vernunft erkennbaren selber das Gepräge des Bleibenden und Unumstößlichen an sich trägt, – und soweit es überhaupt wissenschaftlichen Erörterungen zukommt, unwiderleglich und unerschütterlich zu sein, darf man es hieran in nichts fehlen lassen, – die des nach Jenem Gebildeten dagegen, so wie dieses selber nur ein Abbild ist, diesem ihrem Gegenstande entsprechend das des bloß Wahrscheinlichen, denn wie zum Werden das Sein, so verhält sich zum Glauben die Wahrheit.

Wahrscheinen als wissenschaftliche Methode

Die Darstellung des Gedachten als Bleibendes

Von höchster Wichtigkeit ist es, bei der Erörterung einer jeden Frage ihren Ausgangspunkt sachgemäß zu behandeln. So muss hier klar die Art abgegrenzt werden, wie ein Abbild und wie ein Urbild darzustellen ist. Zu beachten ist dabei, dass die Darstellungsweise selbst mit dem darzustellenden Gegenstand verwandt ist. [29c] Die Darlegung – sowohl des Bleibenden und Beständigen als auch des im Lichte der Vorstellung sagbaren – hat deshalb selbst das Gepräge des Bleibenden und Unumstößlichen an sich.

Das Immer-Bleibende als Abbild

Insofern hier wissenschaftliche Erörterung beansprucht wird, die unwiderleglich und unerschütterlich ist, darf man es an nichts fehlen lassen. Das bleibende Gebilde, selbst nur ein Abbild, ist dem Gegenstand entsprechend als das bloße Wahrscheinen darzustellen. Denn wie das Entstehende/Vergehende zum Stofflichen so verhält sich Wahrscheinen zum Wahrnehmen.

(§ 37) Wenn ich daher, mein Sokrates, trotzdem daß (schon) Viele Vieles über die Götter und die Entstehung des All erörtert haben, nicht vermögen sollte, eine nach allen Seiten und in allen Stücken mit sich selber übereinstimmende und eben so der Sache genau entsprechende Darstellung zu geben, so wundere dich nicht, sondern wenn ich nur eine solche liefere, die um Nichts minder als die irgend eines Anderen wahrscheinlich ist, so müsst ihr schon zufrieden sein und bedenken, daß wir Alle, ich, der Darsteller, und ihr, die Beurtheiler, von nur menschlicher Natur sind, so daß es sich bei diesen Gegenständen für uns ziemt, uns damit zu begnügen, wenn die Dichtung nur die Wahrscheinlichkeit für sich hat, und wir nichts darüber hinaus verlangen dürfen.

SOKRATES: Sehr richtig bemerkt, lieber Timaios, und durchaus annehmbar gefordert. Und dein Vorspiel haben wir nun mit Bewunderung entgegengenommen; so führe uns denn auch das Lied selber nach seiner Ordnung zu Ende.

Von der Ideenlehre zum dynamischen Denken

(§ 37) [29d] Mein Sokrates! Viele Männer haben über die Göttlichen und die Entstehung des Weltalls schon sehr vieles geredet. Wundere dich deshalb nicht, wenn es mir nicht vollkommen gelingen sollte, meine Darstellung in allen Einzelheiten in sich selbst stimmig und in der Sache exakt auszuführen. Vielmehr müsst Ihr schon zufrieden sein, wenn mir meine Darstellung so gelingt, dass sie nicht weniger wahrscheinend ist als die eines anderen. Auch müsst Ihr bedenken, dass sowohl ich als Darsteller als auch Ihr als Urteilende nur von menschlicher Natur sind. [29e] Gerade bei diesem Gegenstand der Erörterung ziemt es uns – damit müssen wir uns begnügen –, dass meine Dichtung nur das Wahrscheinen für sich hat. Darüber hinaus dürfen wir nichts weiter verlangen.

SOKRATES: Sehr richtig gesprochen, lieber Timaios, wir nehmen dies so an. Deine Vorbetrachtungen haben wir mit Bewunderung entgegengenommen. Nun führe die Dichtung gemäß deinen Überlegungen weiter aus.

II

DIE BESEELUNG DES WELTGEBÄUDES

Das vollkommene Weltall

(§ 38) TIMAIOS: So wollen wir denn sagen, welcher Grund den, der dieses All, das Reich des Werdens, zusammenfügte, zu dieser seiner Wirksamkeit bewogen hat.

Er war gut, und in einem Guten entsteht niemals Neid, worauf sich derselbe auch immer beziehen könnte, und, weil frei von diesem, wollte er denn auch, daß Alles ihm selbst so ähnlich als möglich werde. Diesen Ausgangspunkt des Werdens und der Welt dürfte man daher wohl mit dem größten Rechte einsichtigen Männern als den eigentlichsten zugestehen. [p 30]

Da nämlich Gott wollte, daß, soweit es möglich, Alles gut und Nichts schlecht sei, aber Alles, was sichtbar war, nicht in Ruhe, sondern in regelloser und ungeordneter Bewegung vorfand, so führte er es denn aus der Unordnung in die Ordnung hinüber, weil er der Ansicht war, daß dieser Zustand schlechthin besser als jener sei.

Warum ist die Welt derart zusammengefügt

Ausgangspunkt der Überlegung

(§ 38) TIMAIOS: Zuerst müssen wir nach dem Grund fragen, was den Baumeister und Bildner zu seinem Wirken bewog, dieses All – das Reich des Entstehens und Vergehens – so zusammenzufügen.

Das Gute als Maß

Der Bildner war gut. Im Guten entsteht niemals Neid, denn worauf könnte sich der Neid im Guten überhaupt beziehen. Der Bildner – selbst ganz frei von Neid – wollte, dass die Welt ihm selbst so ähnlich als möglich werde. Einsichtige Männer dürften diesen Ausgangspunkt des Entstehens der Welt zurecht als den eigentlichsten eingestehen. [30a] Der Bildner wollte nämlich, dass alles möglichst gut und nichts schlecht sei.

Vom Chaos zur guten Ordnung

Doch der Bildner fand das Sichtbare nicht in Ruhe, sondern in regelloser und ungeordneter Bewegung vor. So führte der Bildner die Unordnung in die Ordnung hinüber. Denn er war der Ansicht, dass der Zustand der Ruhe schlechthin besser sei als der Zustand der Unordnung.

(§ 39) Es war aber und ist Recht, daß der Beste nichts anderes, als das Schönste vollbringe, und da fand er nun, indem er es bei sich erwog, daß unter den ihrer Natur nach sichtbaren Dingen kein vernunftloses Werk jemals schöner sein werde als ein vernunftbegabtes, wenn man beide als Ganze einander gegenüberstellt, daß aber wiederum Vernunft ohne Seele unmöglich irgend einem Gegenstande zu Theil werden könne.

In dieser Erwägung fügte er die Vernunft in eine Seele und die Seele in einen Körper ein, und fügte so aus ihnen den Bau des Weltalls zusammen, um so naturgemäß das möglichst schönste und beste Werk vollendet zu sehen und so darf man es denn mit Wahrscheinlichkeit aussprechen, daß diese Welt als ein wirklich beseeltes und vernünftiges Wesen durch Gottes Vorsehung entstanden ist.

Der beseelte Mensch als Urbild des Alls

Das Schönste bedarf der [Denker-] Seele

(§ 39) Dass der Beste nichts anderes als das Schönste zu vollbringen vermag, war und ist rechtens. [30b] Und so erwog der Beste zweierlei: Stellt man die ihrer Natur nach sichtbaren Dingen einander als Ganzes gegenüber, kann ein sinnlich Wahrnehmbares niemals schöner sein als ein gemäß dem Wahrscheinen gedachtes Werk. Zum anderen ist es unmöglich, dass einem ein wahrscheinendes Werk ohne Seele zuteil werden kann.

Das Weltall als beseeltes Wesen

In dieser Erwägung fügte der Bildner das Wahrscheinen in eine Seele und die Seele in einen Körper ein. Aus diesen beiden Teilen – dem Körper und der Seele – fügte er das Weltall zusammen, vollendet zum naturgemäß schönsten und besten Werk. So darf man ‚wahrscheinend' aussprechen, dass diese Welt – ganz in der Vorsehung des Bildners – als ein beseeltes Wesen entstanden ist. [30c]

(§ 40) Nachdem dies festgestellt ist, müssen wir wiederum das hieran zunächst sich Anschließende besprechen, welches lebendige Wesen sich denn der Meister bei ihr zum Vorbilde genommen hat, um sie ihm ähnlich zu bilden. Von Allem nun, was zur Gattung der Theile gehört, werden wir sie mit nichts in Vergleich bringen wollen, denn was dem Unvollkommenen gleicht, kann nicht schön sein; wohl aber werden wir sie Demjenigen, wovon die übrigen lebendigen Wesen als Einzelne, sowie nach ihren Gattungen bloße Theile sind, als am allerähnlichsten setzen.

Denn alle die lebendigen Wesen, welche Allein dem Gedanken zugänglich sind, fasst jenes ebenso in sich zusammen, wie diese Welt uns und alle übrigen Geschöpfe, welche sichtbar gebildet sind.

Der beseelte Mensch: Urbild der entstandenen Welt

(§ 40) An diese Feststellung knüpft sich nun die Frage: Welches lebendige Wesen nahm sich der Meister als Vorbild für das All, um das All diesem ähnlich zu bilden? Keinesfalls hatte der Meister das All den vielzähligen Arten von Wesen nachgebildet, die dem Unvollkommenen gleichen. Denn was dem Unvollkommenen gleicht, kann nicht schön sein. Vielmehr hat er das All dem am alleräbnlichsten nachgebildet, dessen Lebewesen sowohl als Einzelnes als auch der ganzen Gattung gleicht. [30d]

Denn das All fasst alle Lebewesen zusammen, sowohl diejenigen, die allein dem Wahrscheinen zugänglich sind, als auch alle übrigen Lebewesen, welche sichtbar gebildet sind.

Denn da Gott sie dem Schönsten und in Allen Stücken Vollkommenen unter allen Gegenständen der Gedankenwelt am ähnlichsten machen wollte, so fügte er sie zu einem einzigen sichtbaren lebendigen Wesen zusammen, welches alle ihrer Natur nach mit ihm verwandten belebten Wesen in sich enthielt.

(§ 41) Sprechen wir also mit Recht nur von e i n e r [p 31] Welt, oder wäre es richtiger von vielen, ja von einer unbegrenzten Zahl zu reden? Nur von e i n e r kann die Rede sein, wenn anders sie wirklich nach ihrem Urbilde ins Werk gesetzt sein soll.

Denn jenes, alle nur immer der Gedankenwelt angehörigen belebten Gebilde umfassende Wesen kann unmöglich ein zweites neben einem anderen sein; denn dann müsste es wiederum noch ein anderes, jene beiden umfassendes Wesen geben, dessen Theile dann also jene beiden wären, und es würde dann die Welt nicht mehr ein jenen beiden, sondern vielmehr ein diesem sie umfassenden Nachgebildetes richtiger genannt werden.

Damit sie also (gleichfalls) einzig in ihrer Art dem vollkommenen lebendigen Wesen ähnlich wäre, darum bildete der Schöpfer weder zwei, noch auch unzählige Welten, sondern, wie dieses Weltgebäude als ein einziges geborenes entstanden ist, so besteht es auch und wird auch fernerhin also bestehen.

Die sinnlich wahrnehmbare Welt

Die schönste, vollkommene und einzigartige Welt

Der Meister wollte das All dem Schönsten und Vollkommensten unter allen Dingen ähnlich machen. Deshalb fügte er das All zu einem einzigen sichtbaren lebendigen Wesen zusammen, welches alle – ihrer Natur nach mit ihm verwandten – belebten Wesen in sich enthielt.

Die denklogisch einzigartige Welt

(§ 41) Sprechen wir deshalb zurecht nur von e i n e r Welt? [31a] Oder wäre es richtiger, von vielen oder sogar von einer unbegrenzten Anzahl von Welten zu sprechen?

Von e i n e r einzigen Welt kann nur die Rede sein, wenn sie nicht anders ins Werk gesetzt worden sein sollte als nach einem Abbild.

Denn jenes Welt-Wesen, welches alle – nur dem Wahrscheinen zugänglichen – belebten Gebilde umfasst, kann unmöglich ein zweites neben einem anderen sein. Andernfalls müsste es ein [weiteres] Wesen geben, welches die beide umfasst. Die beiden Wesen wären dann nur Teil dessen. Die Welt müsste dann als umfassende Nachbildung dieser beiden Teile bezeichnet werden.

Damit unsere Welt jedoch – einzig in ihrer Art – dem vollkommenen lebendigen Wesen ähnlich wird, bildete der Baumeister weder zwei noch unzählige Welten. [31b] Sondern er bildete dieses Weltgebäude als ein einziges Entstandenes. So besteht es jetzt und wird auch fernerhin bestehen.

(§ 42) Körperlich, sichtbar und fühlbar muß nun aber das Gewordene sein. Ohne das Feuer aber kann schwerlich je Etwas sichtbar werden, noch fühlbar ohne etwas Festes und fest wiederum nicht ohne Erde; daher bildete der Gott den Körper des All, als er ihn zusammenzusetzen begann, zunächst aus Feuer und Erde. Zwei Dinge allein aber ohne ein drittes wohl zusammenzufügen ist unmöglich, denn nur ein vermittelndes Band kann zwischen Beiden die Vereinigung bilden.

Von Allen Bändern ist aber dasjenige das schönste, welches zugleich sich selbst und die durch dasselbe verbundenen Gegenstände möglichst zu Einem macht.

Die Triade als Einheit

(§ 42) Körperlich, sichtbar und tastbar muss das Entstandene sein. Ohne Feuer kann aber schwerlich etwas sichtbar werden, ohne etwas Festes nicht tastbar. Festes kann nicht ohne Erde sein. Den Körper des Alls setzte der Baumeister – ganz an aller Anfang – aus Feuer und Erde zusammen. Zwei Dinge allein ohne ein Drittes zusammenzufügen, ist jedoch unmöglich. Die Vereinigung von Feuer und Erde kann deshalb nur ein vermittelndes Band bewirken. [31c]

Das Schönste von allen Bändern ist aber dasjenige, welches sich selbst und gleichzeitig die durch das Band verbundenen Gegenstände zu Einem einzigen macht.

Die Welt als abgeschlossenes System

Dies aber auf das Schönste zu bewirken, ist die Proportion da. Denn wenn von drei Zahlen [p 32] oder Massen oder Kräften von irgend einer Art die mittlere sich eben so zur letzten verhält, wie die erste zu ihr selber, und ebenso wiederum zu der ersten wie die letzte zu ihr selber, dann wird sich ergeben, daß, wenn die mittlere an die erste und letzte, die erste und letzte dagegen an die beiden mittleren Stellen gesetzt werden, das Ergebnis nothwendig ganz dasselbe bleibt; bleibt dies aber dasselbe, so sind sie alle damit wahrhaft unter einander Eins geworden.

(§ 43) Wenn nun der Leib des Alls eine bloße Fläche ohne Alle Höhe hätte werden sollen, dann würde Ein Mittelglied genügt haben, das Andere (unter sich) und sich selber (mit ihm) zusammenzubinden; nun aber kam es ihm zu, ein Körper zu sein, und alle Körper werden nie durch Ein, sondern stets durch zwei Mittelglieder zusammengehalten, und so stellte denn Gott zwischen Feuer und Erde das Wasser und die Luft in die Mitte, indem er sie so viel als möglich unter einander in dasselbe Verhältnis brachte, so daß sich das Feuer eben so zur Luft wie die Luft zum Wasser, und wie die Luft zum Wasser so das Wasser zur Erde sich verhalten sollte, und verband und fügte auf diese Weise das Weltall zusammen, so daß es sichtbar und fühlbar wurde.

Die Welt als abgeschlossenes System

Der dreidimensionale Raum

Die „Analogie“ als einheitsstiftendes Band

Dieses Schönstes zu bewirken, dazu ist die Analogie da: Betrachtet man die Bezugsverhältnisse von drei [Gliedern] zu einander, sei es die [Erd-] Masse, sei es die [Feuer-] Kraft oder das beide verbindende, bleiben die Verhältnisse unter folgenden Bedingungen notwendig dieselben: [32a]

Wenn von Dreien das Mittlere sich zum Letzten so verhält wie das Erste zum Mittleren und dieses Mittlere wiederum zum Ersten wie das Letzte zum Mittleren, dann ergibt sich daraus, dass das Mittlere an die erste oder letzte und die erste oder letzte dagegen jeweils an die mittlere Stelle gesetzt werden könnte. So bleiben die Bezugsverhältnisse notwendig dieselben. Und weil diese dieselben bleiben, bilden diese Drei zusammen eine Einheit.

Vom Zweidimensionalen zum Dreidimensionalen

(§ 43) Hätte der Bildner das All als eine Fläche – also ganz ohne alle Höhe – gewollt, hätte ein Mittelglied genügt, um sowohl Erde und Feuer miteinander als auch sich selbst mit den beiden zusammen zu binden. [32b] Nun wollte er aber das All als Körper. Ein Körper kann jedoch niemals allein durch ein einziges Mittelglied verbunden sein. Vielmehr muss er von zwei Mittelgliedern zusammengehalten werden. So fügte der Baumeister zwischen Feuer und Erde mittig das Wasser und die Luft. Diese Elemente brachte er so viel als möglich untereinander in dasselbe Verhältnis: Das Feuer verhält sich zur Luft ebenso wie die Luft zum Wasser. Wie die Luft zum Wasser verhält sich das Wasser zur Erde. Auf diese Weise verband und fügte der Baumeister das Weltall zusammen. So wurde es sichtbar und fühlbar.

Und so wurde denn zu diesem Zwecke und aus diesen [und] also beschaffenen und ihrer Zahl nach auf vier sich belaufenden Wesenheiten der Körper der Welt geschaffen, so daß er vermittelst der Proportion innerlich zusammenstimmte, und besaß dadurch eine solche Anhänglichkeit (seiner Theile unter einander), daß er sich selber in Eins zusammenzog

und unauflöslich für jeden Anderen ward, als für den Urheber der Verbindung.

Die Unauflöslichkeit des e i n e n Raums

So und aus diesem Grund setzte der Baumeister den Körper der Welt zusammen. [32c] Er wurde gebildet aus diesen vier Elementen in genannter Beschaffenheit. Vermittelt durch die Verhältnisse fügte sich das Gebilde innerlich zusammen und entfaltete eine derartige Kraft seiner Teile untereinander, dass sich der [Welt-]Körper in Eins zusammenzog.

Für jeden anderen wurde der Weltkörper unauflöslich, nur nicht für den Urheber dieser Verbindung.

(§ 44) Von diesen vieren nun hat das Weltgebäude ein jedes ganz erhalten. Denn aus allem Feuer und Wasser und aus Aller Luft und Erde fügte es der Bildner zusammen und ließ von keinem derselben irgend einen Theil oder eine Kraft außerhalb zurück,

indem er dies dabei bezweckte, zunächst, daß es als organisches Wesen zu einem möglichst vollkommenen Ganzen durch sein Bestehen aus möglichst [p 33] vollkommenen Theilen werde, sodann, daß es ein einziges sei, sofern nichts übrig geblieben, woraus ein Anderes von derselben Art entstehen könnte; ferner auch dem Alter und der Krankheit nicht ausgesetzt,

indem er erwog, daß, wenn einen zusammengesetzten Körper Hitze und Kälte und Alles, was sonst starke Wirkungen ausübt, von außen her umgeben und zur Unzeit mit ihm zusammentreffen, sie ihn in Auflösung versetzen und ihm durch Herbeiführung von Krankheit und Alter seinen allmähligen Untergang bereiten. Aus diesem Grunde und in dieser Erwägung erbaute er denn diese Welt als ein einziges Ganzes, welches selbst wieder aus lauter Ganzen besteht und eben deshalb frei ist von Alter und Krankheit.

Die Welt als ewige Kugel

Die Welt als vollständiger Körper

(§ 44) Ausschließlich aus diesen vier Elemente fügte der Baumeister das Weltgebäude zusammen, aus allem Feuer und Wasser und aus aller Luft und Erde. [32d] Von keinem Element ließ er auch nur einen kleinsten Teil oder irgendeine Kraft außerhalb des Gebäudes übrig. So bezweckte er

- erstens, dass das All als organisches Wesen zu einem möglichst vollkommenen Ganzen wurde, bestehend aus möglichst vollkommenen Teilen;
- zum zweiten damit es eine e i n z i g e Welt wird und nichts übrig bleibt, aus der eine andere, ähnliche Welt entstehen könnte und [33a]
- schließlich, dass die Welt dem Alter und der Krankheit nicht ausgesetzt wird.

Die Welt als ewiger Körper

Der Bildner erwog dabei folgendes: Wenn ein zusammengesetzter Körper der Hitze und Kälte oder sonstiger starken Wirkungen ausgesetzt ist – von außen her oder zur Unzeit –, droht ihm der allmähliche Untergang. Entweder er löst sich auf, erkrankt oder altert. Aus diesem Grunde und in dieser Erwägung baute der Bildner dieses Weltall als ein einziges Ganzes, bestehend aus der restlosen Gesamtheit der Elemente. Deshalb ist das Weltall frei von Alter und Krankheit.

(§ 45) Sodann gab er derselben auch eine Gestalt, wie sie ihr angemessen und ihrer Natur verwandt ist. Demjenigen lebendigen Wesen, welches alles andere Lebendige in sich fassen soll, dürfte nun wohl auch eine Gestalt angemessen sein, welche alle anderen Gestalten in sich faßt.

Deshalb drehte er sie denn auch kugelförmig, so daß sie von der Mitte aus überall gleich weit von ihrer Endpunkten entfernt war, nach Maßgabe der Kreisform, welches von allen Gestalten die vollkommenste und am meisten sich selber gleiche ist, indem er das Gleiche für tausendmal schöner als das Ungleiche hielt,

Die Welt als vollkommene Form: Definition der Kugel
(§ 45) Sodann gab er dem Weltgebäude eine Gestalt, die ihr angemessen und ihrer Natur verwandt ist. Denn demjenigen lebendigen Wesen, welches alles andere Lebendige in sich fassen sollte, ist auch eine Gestalt angemessen, welche alle anderen Körper in sich fasst.

Der Baumeister drehte das Weltgebäude kugelförmig. So waren – nach Maßgabe des Kreises – von der Mitte aus alle ihre Endpunkte [auf der Kugeloberfläche] gleich weit entfernt. Von allen Körpergestalten ist das Weltall somit die Vollkommenste und am meisten sich selber gleiche. Denn der Baumeister hielt das Gleiche für tausendmal schöner als das Ungleiche.

Auswendig aber machte er sie ringsherum auf das Genaueste vollständig glatt, und zwar aus vielerlei Gründen. Bedurfte sie doch der Augen nicht, denn es war nichts Sichtbares, noch auch der Ohren, denn es war nichts Hörbares außerhalb ihrer zurückgelassen; ebenso bestand keine Luft, welche sie noch umgeben und der Einathmung bedurft hätte; auch war sie keines Werkzeuges benöthigt, um vermittelst desselben Nahrung zu sich zu nehmen und die früher zu sich genommene, nachdem sie den eigentlichen Nahrungssaft von ihr ausgesogen, wieder von sich zu geben, denn nichts sonderte sich von ihr aus und nichts trat irgendwoher zu ihr hinzu, denn es gab Nichts (außer ihr);

(§ 46) vielmehr ist sie kunstvoll dergestalt gebildet, daß ihre Aussonderungen ihr auch zugleich wieder zur Nahrung dienen, und daß sie Alles innerhalb ihrer selbst erleidet und Alles durch sich selber thut, denn es hielt Der, welcher sie zusammenfügte, sie für vollkommener und besser, wenn sie sich selbst genügte, als wenn sie eines Anderen bedürfte.

Das Urbild der Weltkugel: der Mensch

Konstruktion der Weltkugel aus dem Kopf

Nach außen hin gestaltete der Bildner die Oberfläche ringsherum vollkommen glatt. Dies hatte vielerlei Gründe:
Die Weltkugel bedurfte keiner Augen, denn es gab nichts zu sehen. Sie bedurfte keiner Ohren, denn es gab nichts Hörbares, was der Bildner außerhalb ihrer übrig gelassen hätte. [33d] Es gab nichts zum Einatmen, was sie umgeben oder was der Einatmung bedurft hätte. Auch eines Werkzeuges zur Nahrungsaufnahme bedurfte sie so wenig wie eines zum Ausscheiden dessen, was sie früher eingenommen hatte und nach Auszug des Nahrungssaftes von sich gegeben hätte. Denn nichts sonderte sich von ihr aus und nichts trat irgendwoher zu ihr hinzu. Außer ihr [der Weltkugel] gab es nichts.

(§ 46) Die Welt ist vielmehr derart kunstvoll geschaffen: Ihre Aussonderung ist zugleich ihre Nahrung. Und alles, was sie innerhalb ihrer selbst erleidet, ist durch sich selbst. Denn der – sie dergestalt zusammenfügende – Bildner erachtete die Weltkugel für vollkommener und besser, wenn sie sich selbst genügte. Er hielt sie so für besser, als wenn sie irgend eines anderen bedurft hätte.

Hände aber, die ihr weder um irgend Etwas anzugreifen, noch auch abzuwehren, erforderlich waren, [p 34] glaubte er nutzloser Weise ihr nicht anfügen zu dürfen, und eben so wenig Füße, sowie überhaupt die zum Gehen dienenden Glieder. Denn er theilte ihr eine Bewegung zu, welche einem Körper von der Gestalt des ihrigen eigenthümlich und von allen sieben Bewegungen diejenige ist, die am meisten der der Vernunft und Erkenntnis nahe kommt. Nämlich gleichmäßig in demselben (Raume) und in sich selber führte er sie herum und ließ sie so sich umschwingend im Kreise bewegen, Alle sechs anderen Bewegungen. aber nahm er ihr ab und machte sie von deren Irrwandel frei, und da sie zu jenem Umlauf (um sich selbst) der Beine nicht bedurfte, so erschuf er sie ohne Schenkel und Füße.

Konstruktion der Weltkugel aus dem Körper

Hände, um entweder irgendetwas ergreifen oder abzuwehren, fügte der Bildner der Kugel nicht an. [34a] Er glaubte nämlich, dass diese nutzlos seien. Eben sowenig fügte er ihr Füße an oder überhaupt Glieder zum Gehen.

Vielmehr teilte der Bildner der Weltkugel eine Bewegung zu, welche ihrem kugelförmigen Körper eigentümlich ist. Von allen sieben Bewegungen [siehe 43b] ist es gerade diejenige, die dem Wahrnehmen und Wahrscheinen am nächsten kommt. Der Bildner ließ das Weltgefüge sich gleichmäßig in demselben Raum und in sich selber bewegen. So bewirkte er, dass sie sich im Kreis umschwingend bewegt.

Auf die anderen sechs Bewegungen verzichtete er bei ihr und befreite sie so von jedem Irrwandel. Da sie zu ihrem Kreisumlauf der Beine nicht bedurfte, so gestaltete der Bildner die Welt ohne Schenkel und ganz ohne Füße.

(§ 47) Diese ganze Erwägung nun also desjenigen Gottes, welcher von Ewigkeit ist, wie derselbe sie über denjenigen Gott anstellte, [b] welcher erst ins Dasein eintreten sollte, bewirkte, daß der Körper der Welt glatt und eben und überall gleich weit vom Mittelpunkt abstehend und in sich geschlossen und vollständig aus Körpern, die schon selber vollständig waren, gebildet wurde.

Die Seele aber pflanzte er in die Mitte desselben ein und spannte sie nicht bloß durch das ganze Weltall aus, sondern umkleidete den Weltkörper auch noch von außen mit ihr. Und so richtete er denn das Weltganze her als einen im Kreise sich drehenden Umkreis, welcher, einzig und einsam, durch seine Vortrefflichkeit mit sich selber des Umgangs zu pflegen vermag und keines Anderen dazu bedarf sondern hinlänglich bekannt und befreundet ist allein mit sich selber, und durch all diese Veranstaltungen schuf er es zu einem seligen Gotte.

Die Beseelung der Weltkugel

(§ 47) Lange bevor die Göttlichen ins Dasein treten sollten, bewirkte der Meister – aufgrund all dieser dem Ewigen geschuldeten Erwägungen – den Bau des [Kugel-] Körpers der Welt wie folgt

- glatt und eben,
- [das außen] überall gleich weit vom Mittelpunkt entfernt,
- in sich geschlossen,
- ausschließlich aus [Elementen]-Körpern, die zuvor schon vollständig waren.

[34b] Mitten in dieses Weltgebäude pflanzte der Baumeister die Seele hinein. Er spannte sie nicht nur durch das ganze Weltgebäude hindurch, sondern umkleidete mit ihr auch das ganze Weltgebäude von außen. Das Weltganze richtete er her als eine – im Kreise sich einzig und einsam – drehenden Umkreisung. Aufgrund ihrer Vollkommenheit pflegt sie ihren Umgang mit sich selbst. Sie bedarf niemand anderen dazu. Allein und mit sich selber hinlänglich bekannt und befreundet fügte der Baumeister den Weltkörper zu seinesgleichen zusammen.

Die dynamische Seele im All

(§ 48) Die Seele hat nun aber nicht etwa, wie wir jetzt später von ihr zu reden beginnen, so auch Gott erst nach dem Körper gebildet; denn nicht würde er bei der Zusammenfügung beider zugelassen haben, daß das Aeltere von dem Jüngeren beherrscht werde; sondern wir, wie wir vielfach vom Zufälligen und Ohngefähr abhängig sind, reden nur gerade eben auf die entsprechende Weise, er dagegen fügte die Seele so, daß sie ihrer Entstehung so wie ihrer Vortrefflichkeit nach dem Körper voranging und ihm gegenüber die dem höheren Alter zustehende Würde empfing, als seine künftige Herrin und Gebieterin

Die Erschaffung der Seele

Verhältnis vom All zur Seele

(§ 48) Wenn wir die Seele hier erst nach dem Körper behandeln, ist es durchaus nicht so, dass der Baumeister die Seele erst nach dem Körper gebildet hätte. [34c] Niemals hätte er es – als er beides zusammenfügte – zugelassen, dass das Ältere vom Jüngeren beherrscht wird. Vielmehr reden wir oft – nur ganz zufällig oder ungefähr – in entsprechender Weise daher. Der Baumeister hingegen fügte Seele und Körper so zusammen, dass die Seele aufgrund ihrer Entstehung so wie ihrer Vortrefflichkeit dem Körper voranging. So empfing sie auch die ihr gegenüber dem Körper – dem höheren Alter gemäß – zustehende Würde. Die Seele jedoch machte er zur künftigen Herrin und Gebieterin des Weltkörpers.

aus folgenden Bestandtheilen und auf folgende Weise zusammen.

(§ 49) Aus beiden, nämlich aus der untheilbaren (p.35) und immer sich gleich bleibenden Wesenheit und sodann derjenigen, welche an den Körpern theilbar wird, mischte er (sie als) eine dritte Art von Wesenheit zusammen, welche die Mitte hielt zwischen der Natur des Selbigen und der des Anderen und stellte sie (alle drei) demgemäß in Einer Reihe (vor sich) hin, so daß unter ihnen jene die Mitte einnahm zwischen dem Untheilbaren und dem an den Körpern haftenden Getheilten. Darauf nahm er alle drei und mischte sie zu einer einzigen Gestaltung zusammen,

indem er die der Mischung widerstrebende Natur des Anderen gewaltsam mit dem Selbigen verträglich machte. Und nachdem er so en Eins gemacht hatte, theilte er wiederum dieses Ganze in so viel Theile als es sich gehörte, so aber, daß ein jeder aus dem Selbigen, dem Anderen und der (Seelen-) Substanz zusammengesetzt war.

Die Bildung der Seele

Die Seele nun bildete er aus folgenden Bestandteilen und in folgender Weise.

(§ 49) [35a] Der Baumeister mischte aus beiden, nämlich aus der unteilbaren sich immer gleich bleibenden Wesenheit [dem Stofflichen] und der teilbaren [unstofflichen] eine dritte Art von Wesenheit als Mittleres zwischen dem einen und dem anderen. Der Baumeister stellte diese drei Wesenheiten in eine Reihe vor sich hin und zwar so, dass die gemischte Wesenheit die Mitte zwischen dem Unteilbaren und Teilbaren einnahm. Darauf nahm er alle drei und mischte sie zu einem Einzigen zusammen.

Der Natur der unteilbaren Wesenheit widerstrebte das Einmischen. Deshalb machte der Bildner sie gewaltsam gefügig. Nachdem er die beiden Wesenheiten mit der Mischung aus beiden Wesenheiten weiter gemischt und so aus Dreien eine einzige gemacht hatte, teilte er dieses Ganze wiederum in so viele Teile als es sich gehörte. Dabei achtete er darauf, dass jedes Teilchen von allen drei Wesenheiten Teilchen enthielt.

(§ 50) Er begann aber diese Theilung folgendermaßen. Zuerst nahm er einen Theil von dem Ganzen weg, darauf das Doppelte desselben, zum Dritten sodann das Anderthalbfache des zweiten Theils, zum Vierten das Doppelte des zweiten, zum Fünften das Dreifache des dritten, zum Sechsten das Achtfache des ersten und zum Siebten das Siebenundzwanzigfache des ersten. [p 36]

Hierauf füllte er sowohl die zweifachen als dreifachen Zwischenräume aus, indem er noch weitere Theile vom Ganzen abschnitt und sie in die Mitte von ihnen hineinsetzte, so daß in jeden Zwischenräume zwei Mittelglieder waren, von denen das eine um den gleichen Bruchtheil der äußeren Glieder das eine der letzteren übertraf und von andern übertroffen wurde, das andere aber um eine gleich Zahl.

Da nun aber Zwischenräume von $1\frac{1}{2}$, $1\frac{1}{3}$ und $1\frac{1}{8}$ durch diese Verbindungsglieder innerhalb der frühern Zwischenräume entstanden waren, so füllte er mit dem Zwischenraume von $1\frac{1}{8}$ Alle Zwischenräume von $1\frac{1}{3}$ aus und ließ so von einem jeden der letzteren noch einen Theil übrig, so daß der dem Zwischenraum dieses Theiles, in Zahlen ausgedrückt, dem Verhältnisse der Glieder 243 zu 256 entsprach. Und damit hatte er denn auch die Mischung, von welcher er Alle diese Theile hinwegnahm, ganz und gar verbraucht.

Teilung der Seele: die Harmonie

(§ 50) Diese Teilung nahm der Meister wie folgt vor: Zuerst nahm er vom Ganzen einen Teil weg, dann das Doppelte von demselben, zum Dritten dann das Anderthalbfache des zweiten Teils, zum Vierten das Doppelte des zweiten, zum Fünften das Dreifache des dritten, zum Sechsten das Achtfache des ersten und zum Siebten das Siebenundzwanzigfache des ersten.

[36a] Hierauf füllte er sowohl die zweifachen als dreifachen Zwischenräume aus, indem er noch weitere Teile vom Ganzen abschnitt und sie in die Mitte von ihnen hineinsetzte. So waren in jedem Zwischenraum zwei Mittelglieder, von denen das eine um den gleichen Bruchteil der äußeren Glieder das eine der letzteren übertraf und von andern übertroffen wurde, das andere aber um eine gleich Zahl.

Da nun aber Zwischenräume von 1½, 1⅓ und 1⅛ durch diese Verbindungsglieder innerhalb der früheren Zwischenräume entstanden waren, so füllte er mit dem Zwischenraume von 1⅛ alle Zwischenräume von 1⅓ aus und ließ so von einem jeden der letzteren noch einen Teil übrig, so dass der dem Zwischenraum dieses Teiles, in Zahlen ausgedrückt, dem Verhältnisse der Glieder 243 zu 256 entsprach. [36b] Und damit hatte er denn auch die Mischung, von welcher er alle diese Teile hinweg nahm, ganz und gar verbraucht.

(§ 51) Dies ganze so zusammengefügte Gebilde aber spaltete er (hierauf) der Länge nach in zwei Theile, verband dieselben kreuzweise in ihrer Mitte, so daß sie die Gestalt eines Chi (X) bildeten, und bog dann jeden von beiden in einen Kreis zusammen, so daß er also jeden mit sich selbst und beide mit einander in dem Punkte, welcher ihrer Durchschneidung gegenüberlag, verknüpfte, umschloss beide mit der auf dieselbe Weise und in demselben Raum herumgeführten Bewegung, und machte den einen dieser Kreise zum äußeren und den andern zum inneren.

Den Umlauf sodann, der im äußeren und den, der im inneren Kreise vor sich ging, benannte er nach den beiden Wesenheiten, von welchen sie herrührten, jenen, den des Selbigen und diese, den des Anderen, und führte den ersteren in der Richtung der Seite nach Rechts herum, den letzteren aber in der Richtung der Diagonalen nach Links. Das Übergewicht aber verlieh er dem des Selbigen und Gleichartigen, denn er beließ ihn in ungetheilter Einheit;

Die Seele: Band zwischen Erde und Himmel

Konstruktion der Weltkugel aus Kreisen

(§ 51) Diesen – nach Gesetzen der Harmonie – zusammengefügte Seelenteil spaltete er der Länge nach in zwei Teile und verband diese kreuzweise in ihrer Mitte. So entstand die Gestalt eines Chi (X). Die Enden der beide Teile zog er so in die Länge und bog sie in einer Kreisbewegung zu einem Ring. So war jeder Teil sowohl mit sich selbst als auch beide miteinander verknüpft, letzteres jeweils in den Kreuzungspunkten, welcher sich in der Verbindung gegenüberlagen. Schließlich umspannte er das Ganze mit entsprechenden Kreisbewegungen in derselben Weise und in demselben Raum.

Erdkreis und die Himmelssphäre

Den einen Kreisumfang macht er zum äußeren, den andern zum inneren. Die beiden Kreise benannte er nach den Wesenheiten, von welchen sie herrührten. Den inneren Kreis nannte er den des Unteilbaren, den äußeren Kreis den des Teilbaren. [36c] Den ersteren führte er Rechts herum, den letzteren aber in der Richtung der Diagonalen nach Links. Das Übergewicht verlieh er dem Unteilbaren und Gleichartigen [Erdkreis]. Er beließ ihn in ungeteilter Einheit.

den inneren aber spaltete er sechsfach und theilte ihn so in sieben ungleiche Kreise, je nach den Zwischenräumen des Zweifachen und Dreifachen, und setzte fest, daß zwar einander entgegengesetzt die Kreise sich bewegen sollten, drei aber an Geschwindigkeit gleich, vier hingegen unter sich und von den dreien verschieden, jedoch so, daß sie sich nach einem bestimmten Verhältnisse bewegten.

(§ 52) Nachdem nun nach dem Sinne des Meisters die ganze Zusammenfügung der Seele erfolgt war, bildete er hierauf Alles, was körperlich ist, innerhalb derselben und fügte es so zusammen, daß es dieselbe mitten durchdrang. Sie selbst aber, die sie nicht bloß das ganze Weltgebäude überall von der Mitte bis zum Umkreise durchflocht, sondern es auch von außen her rings herum einschloss

und die sie rein in sich selber ihren Kreislauf vollbrachte, nahm (in dieser Weise) den göttlichen Anfang eines unvergänglichen und vernunftbegabten Lebens für alle Zeiten.

Den äußeren Kreis [die Himmelsphäre] teilte er sechsfach und zog sieben ungleiche Kreisbahnen. Die Zwischenräume setzte er auf das Zweifache und dreifache fest. Die Bewegungsrichtung der Kreisbahnen waren zwar einander entgegengesetzt. Die Geschwindigkeit von dreien war jedoch gleich. Die der anderen vier hingegen war sowohl untereinander als auch zu den dreien verschieden. Es war jedoch so, dass sie sich nach einem bestimmten Verhältnis bewegten.

Die unsichtbare Seele als das Verbindende

(§ 52) [36d] Nachdem das Weltall – ganz im Sinne des Meisters – gebildet war, setzte er den [unsichtbaren] Teil der Seele in das Weltall. So durchflocht die Seele das ganze Weltgebäude nicht nur von der Mitte bis zum äußeren Umkreis, sondern schloss dieses Weltgebäude auch von außen her rings herum ein.

Rein – in sich selber – vollbrachte die Seele ihren Kreisumlauf. Auf diese Art und Weise nahm die Seele ihren göttlichen Uranfang eines unvergänglichen und herrschenden Lebens für die Ewigkeit.

Und der Körper der Welt ward, wie gesagt, sichtbar, sie selbst aber zwar unsichtbar, aber, was sie eben erst zum Wesen macht, der Vernunft und Harmonie der (reinen) Gedankenwelt und des ewig Seienden theilhaftig [p 37] und so durch den edelsten Schöpfer das Edelste von allem Geschaffenen.

(§ 53) Da sie nämlich aus der Natur des Selbigen und des Anderen und der Seelen-(Substanz), also aus ihrer drei Theilen, zusammengemischt und nach (festen) Verhältnissen getheilt und verbunden ist, und in ihrem Kreislauf in sich selber (stets) zu sich selber zurückkehrt, so wird sie, wenn sie mit irgendetwas in Berührung tritt, mag nun dasselbe ein theilbares Wesen haben oder ein untheilbares, durch ihr ganzes Selbst hindurch bewegt und giebt eben hierdurch kund, womit nur immer irgend Etwas Dasselbige oder wovon es verschieden ist, und in was für Beziehung vornehmlich und auf welche Art und Weise und, wann für dasselbe der Fall eintritt, was immer und im Verhältnis zu wem immer sowohl von dem Werdenden als auch von dem immer sich Gleichbleibenden zu sein, sowie zu erleiden.

Das Wesen der Seele

Die Seele als das Edelste

Der Körper der Welt wurde sichtbar. Die Seele hingegen blieb unsichtbar. Das aber – was sie eben erst zur Seele macht – ist deren Teilhaftigkeit an beidem, sowohl am Unstofflichen als auch dem immerwährenden Stofflichen. [37a] So wurde die Seele durch den edelsten Urheber zum Edelsten von allem Geschaffenen.

Kommunikation der Seele im All

(§ 53) Da die Seele alle drei Wesenheiten – nämlich die Natur des Unteilbaren, die Natur der Teilbaren und die Mischsubstanz aus beiden – in sich trägt und gemäß dem Bezugsverhältnis verbunden ist, kehrt sie in ihrem Kreisen stets in sich und zu sich selber zurück. Sobald sie mit irgendetwas in Berührung tritt – sei es teilbares oder unteilbares – wird sie durch ihr ganzes Selbst selbst fortbewegt. [37b]

In dieser Berührung gibt die Seele kund:

- ob das Irgendetwas dasselbe ist oder wovon es sich wie unterscheidet,
- in was für einer Beziehung das Irgendetwas vornehmlich steht und in welcher Art und Weise
- was immer und im Verhältnis zu wem immer – sowohl von dem Entstandenen/Werdenden als auch von dem immer sich gleichbleibend Stofflichen – dasselbe zu sein oder gegebenenfalls zu erleiden.

(§ 54) Wird nun aber diese Kundgebung, welche das durch sich selber Bewegte ohne Laut und Schall in sich trägt, auf gleiche Weise wahr, mag sie nun auf das Andere oder auf das Selbige sich beziehen, so entstehen, wenn sie auf das sinnlich Wahrnehmbare gerichtet ist und der Kreislauf des Anderen im richtigen Gange die Kunde der Sache durch die ganze Seele verbreitet hat, sichere und richtige Vorstellungen und Meinungen; Wenn sie aber auf das Vernünftige sich erstreckt und der Kreislauf des Selbigen, indem er wohl von statten gegangen, ihr solche Kunde gebracht hat, dann kommt nothwendig vernünftige Einsicht und Wissenschaft zu Stande.

Wenn aber einer von Allem, was da ist, Dasjenige, in welchem diese so wie jene entstehen, anders als Seele nennen wollte, so würde er Alles eher als die Wahrheit sagen.

Vorstellung/Meinung und Einsicht/Wissenschaft

(§ 54) Bei dieser Kundgebung, ganz – ohne Laut und ohne Schall – allein durch das Kreisen in sich und gleichgültig, ob sie sich auf das Stoffliche oder Unstoffliche bezieht, ist zu unterscheiden:
Richtet sich die Kundgabe auf das sinnlich Wahrnehmbare bezieht sich das Kreisen auf das stoffliche unteilbare, entstehen richtige Vorstellungen und Meinungen. [37c]
Richtet sich aber die Kundgebung auf das Wahrscheinen und bezieht sich das Kreisen auf das unstofflich Teilbare, entsteht notwendig Einsicht und Wissenschaft.

Schlussbemerkung

Wenn nun einer die Ursache, worin sowohl das eine als auch das andere entsteht, anders als Seele nennt, so würde er alles eher als die Wahrheit sagen.

III

DIE BELEBUNG DES WELTGEBÄUDES

Das Kreisen im All und die Zeit

(§ 55) Als nun aber der Vater, welcher das All erzeugt hatte, es ansah, wie es bewegt und belebt und ein Bild der ewigen Götter geworden war, da empfand er Wohlgefallen daran, und in dieser seiner Freude beschloss er denn, es noch mehr seinem Urbilde ähnlich zu machen. Gleichwie nun dieses selber ein unvergängliches Lebendiges ist, ebenso unternahm er es daher, auch dieses All nach Möglichkeit zu einem eben solchen zu machen.

Einführung

(§ 55) Der Baumeister betrachtete sein Werk. Er empfand Wohlgefallen an dem, wie sich alles bewegt und lebt und wie es ein Bild des ewig Göttlichen geworden war.
[37d] In seiner Freude beschloss er, das All seinem Urbilde noch ähnlicher zu machen. Da das Urbild selbst ein unvergänglich Lebendiges ist, wollte er auch dieses All nach Möglichkeit zu einem unvergänglichen Lebendigen gestalten.

Nun war aber die Natur des höchsten Lebendigen eine ewige, und diese auf das Entstandene vollständig zu übertragen war eben nicht möglich; aber ein bewegtes Bild der Ewigkeit beschließt er zu machen, und bildet, um zugleich dadurch dem Weltgebäude seine innere Einrichtung zu geben, von der in Einheit beharrenden Ewigkeit ein nach der Vielheit der Zahl sich fortbewegendes dauerndes Abbild, nämlich eben das, was wir Zeit genannt haben. Nämlich Tage, Nächte, Monate und Jahre, welche es vor der Entstehung des Weltalls nicht gab, ließ er jetzt bei der Zusammenfügung desselben zugleich mit ins Entstehen treten.

Dies Alles aber sind Theile der Zeit und das War und Wirdsein sind Formen der entstandenen Zeit, obwohl wir mit Unrecht, ohne dies zu bedenken, dieselben dem ewigen Sein beilegen.

Die Ewigkeit

Die Zeit als Abbild der Ewigkeit

Die Natur des höchsten Lebendigen – des Göttlichen – ist die der Ewigkeit. Diese Ewigkeit im entstandenen All sichtbar zu machen, war ihm jedoch nicht möglich. So beschloss er, die Ewigkeit in einem sich fortbewegenden dauernden Abbild der Ewigkeit sichtbar darzustellen. [37e] Er unterteilte die – in Einheit beharrende – Ewigkeit in die Vielheit der Zahl. Zugleich gab er dergestalt dem Weltgebäude seine innere Einrichtung. Es ist das, was wir Zeit nennen.
Es sind nämlich Tage, Nächte, Monate und Jahre. Vor dem Entstanden-Sein des Weltalls gab es diese nicht. Aber als der Baumeister [den Körper] des Weltalls zusammenfügte, ließ er gleichzeitig die Zeit ins Entstehen treten.

Die Unberührtheit der Ewigkeit

Tage, Nächte, Monate und Jahr sind aber alles nur Teile der Zeit. Das „War" und „Wird-Sein" sind Formen der entstandenen Zeit. Ganz zu Unrecht und ohne dies zu bedenken, legen wir jedoch die Zeit dem Stofflichen bei.

(§ 56) Denn wir sagen ja von ihm: „es war, ist und wird sein", während ihm doch nach der wahren Redeweise allein [p 38] das „Es ist"zukommt, wogegen man die Ausdrücke „es war" und „es wird sein" lediglich von dem in der Zeit fortschreitenden Werden gebrauchen darf. Denn Beides bezeichnet Bewegungen, Demjenigen aber, welches sich unbeweglich stets auf die gleiche Weise verhält, kommt es nicht zu, weder älter noch jünger zu werden im Verlaufe der Zeit, noch es ehemals oder jetzt geworden zu sein oder es in Zukunft werden zu sollen;

kurz, es kommt ihm überhaupt nichts von alle dem zu, was das Werden mit den im Gebiet der Sinnenwelt sich bewegenden Dingen verknüpft hat, sondern es sind dies (Alles) die Formen der die Ewigkeit nachahmenden und nach den Zahlenverhältnissen im Kreise sich fortbewegende Zeit geworden.

Und eben so steht es mit Ausdrücken folgender Art: das Entstandene s e i ein Entstandenes und das Entstehende s e i ein Entstehendes und das Entstehenwerdende s e i ein Entstehenwerdendes, und das Nichtseiende s e i ein Nichtseiendes, welches Alles keine genauen Bezeichnungen sind.
Doch dürfte gegenwärtig vielleicht nicht der schickliche Zeitpunkt dazu sein, hierüber Bestimmungen zu treffen, wie es, genau genommen, heißen müsste.

(§ 56) Vom Stofflichen sagen wir: „es war" „ist", „wird-sein". Doch tatsächlich kommt ihm allein das „es ist" zu. [38a] Die Ausdrücke „es war" und „es wird sein" darf man hingegen nur bezüglich des in der Zeit fortschreitenden Entstehens/Vergehens gebrauchen. „Es war" und „es wird-sein" stellen nämlich Bewegungen in der Zeit dar. Das Stoffliche aber verhält sich unbeweglich und stets auf die gleiche Weise. Im Verlauf der Zeit wird das Stoffliche weder älter noch jünger. Weder ist das Stoffliche einst entstanden oder wird es erst jetzt oder soll es in Zukunft entstehen/vergehen.

Kurz, insoweit sich das Entstehen/Vergehen – sinnlich wahrnehmbar – mit den beweglichen Dingen verknüpft, bleibt das Stoffliche vom Entstehen/Vergehen gänzlich unberührt. [38b] Diese Redeweisen sind vielmehr nur die Formen der – die Ewigkeit nachahmenden und gemäß den Zahlenverhältnissen kreisenden – sich fortbewegenden Zeit geworden.

Mit folgenden Ausdrücken ist es ebenso: das Entstandene „ist" ein Entstandenes; das Entstehende „ist" ein Entstehendes; das Entstehen-Werdende „ist" ein Entstehen-Werdendes; das Nichtstoffliche „ist" ein Nichtstoffliches. Diese Bezeichnungen sind zwar nicht genau. Doch um dieses genauer auszuführen, dafür ist jetzt nicht der schickliche Zeitpunkt.

(§ 57) So entstand denn also die Zeit zugleich mit der Welt, damit beide, zugleich ins Leben gerufen, auch zugleich wieder aufgelöst würden, wenn ja einmal ihre Auflösung eintreten sollte, und nach dem Urbilde der schlechthin ewigen Natur, damit die Welt ihr so ähnlich als möglich werde. Denn das Urbild ist ein durch alle Ewigkeit Seiendes, sie aber immerfort durch alle Zeit geworden, seiend und sein werdend.

Verhältnis von Ewigkeit und Raum

(§ 57) So entstand die Zeit zugleich mit dem [räumlich-stofflichen] Weltall. Zusammen ins Leben gerufen, würden auch beide zusammen aufgelöst werden, wenn ihre Auflösung jemals eintreten sollte. Zeit und Weltall kamen zugleich nach dem Urbild der schlechthin ewigen Natur zur Entstehung, damit die Welt der Natur so ähnlich als möglich werde. [38c] Das Urbild der Welt ist zwar ein durch alle Ewigkeit Stoffliches. Die Ewigkeit währt jedoch immerfort. Sie ist durch alle Zeit entstanden, bestehend und zukünftig.

Zufolge solcher Betrachtung und Ueberlegung Gottes in Bezug auf die Zeit entstanden, damit dieselbe hervorgebracht werde, Sonne, Mond und die fünf anderen Sterne, welche den Namen der Wandelsterne tragen, zur Unterscheidung und Bewahrung der Zeitmaße.

(§ 58) Und nachdem der Gott den Körper eines jeden von ihnen gebildet hatte, setzte er sie ihrer sieben in die sieben Kreise hinein, welche der Umlauf des Anderen beschrieb, den Mond in den, welcher zunächst um die Erde kreiste, die Sonne in den zweiten oberhalb ihrer, den Morgenstern aber und den, welcher dem Mercur heilig ist und nach ihm genannt wird, in die (zwei nächsten), dem der Sonne an Geschwindigkeit gleichen Kreise, versah sie jedoch mit einer der Sonne entgegenstrebenden Kraft der Bewegung, weshalb denn die Sonne und der Mercur und Morgenstern auf gleiche Weise einander einholen und von einander eingeholt werden.

Was aber die übrigen anlangt, so würde, wenn man von allen angeben sollte, wohin und aus welchen Gründen er sie dahin versetzte, diese Auseinandersetzung, die doch nur eine beiläufige wäre, umständlicher sein als die Erörterung selber, welche uns hierauf geführt hat. Vielleicht wird denn auch dieser Gegenstand späterhin bei größerer Muße eine Darlegung finden, wie er sie verdient.

Die Wandelsterne

Sonne, Mond und fünf Planeten

Aufgrund dieser Betrachtungen und Überlegungen bezüglich der Zeit brachte der Baumeister Sonne, Mond und die fünf anderen Sterne – sie tragen die Namen der Wandelsterne – zur Unterscheidung und Bezeichnung der Zeitmaße hervor.

Das Kreisen der vier Wandelsterne

(§ 58) [38d] Nachdem der Baumeister die sieben Himmelskörper geformt hatte, setzte er sie in sieben – das sich Gleichbleibende umkreisend – Umlaufbahnen hinein. Den Mond setzte er in die Umlaufbahn, welche der Erde am nächsten ist, die Sonne in die zweite. Den Morgenstern und – dem Hermes (Merkur) geheiligten und nach ihm benannten – Stern setzte er in die zwei nächsten Umlaufbahnen ein. Zwar kreisen sie gleich schnell wie die Sonne, jedoch in die der Sonne entgegengesetzten Richtung. Deshalb holen sich Sonne, Stern des Hermes und Morgenstern immer wieder ein und werden von einander eingeholt.

Die drei ungeklärten Wandelsterne

Die Frage, wohin und warum er die anderen drei in die Himmelsphäre setzte, wäre hier nur ganz beiläufig zu beantworten. [38e] Deren Erörterung wäre jedoch viel umständlicher als die Erörterung, welche uns zu dieser Frage führte. Vielleicht kann dieser Gegenstand später bei größerer Muße eine würdige Darlegung finden.

(§ 59) Nachdem nun also alle die Sterne, welche zur Erzeugung der Zeit mitwirken sollten, in den einem jeden zukommenden Umschwung gebracht und durch beseelte Bänder, die ihre Körper zusammenhielten, zu lebendigen Wesen erhoben und des ihnen Aufgetragenen inne geworden waren, [p 39] so gingen sie in dem Umschwunge des Anderen, welcher schräg ist, indem er den Umschwung des Selbigen durchschneidet und von ihm beherrscht wird, herum, indem sie teils eine größere, teils eine kleinere Kreisbahn umschrieben, und zwar die, welche eine kleinere beschrieben, schneller und die, welche eine größere, langsamer.
Und durch den Umschwung des Selbigen schienen nun dabei die, welche am schnellsten herumgingen, von den langsamer sich bewegenden eingeholt zu werden, während doch vielmehr diese die ersteren einholten; denn da die Umkreisung des Selbigen alle Kreisbahnen dieser Gestirne sich schraubenellipsen-förmig zu drehen zwang, insofern diese Bahnen (durch ihre Einwirkung) zwiefach in entgegengesetzter Richtung fortrücken, so bewirkte sie den Schein, als ob die sich am langsamsten von ihr, die sie das Schnellste ist, entfernenden (ihrer Geschwindigkeit) am nächsten kämen.

Der Kalender

Das Kreisen der Wandelsterne

(§ 59) So brachte der Meister die Sterne, welche die Zeit beschreiben, auf ihre Umlaufbahnen. Ihre Körper wurden durch beseelte Bänder zusammengehalten und zu lebendigen Wesen erhoben. Nachdem sie das ihnen vom Baumeister Aufgetragene verinnerlichten, bewegten sie sich auf ihren Kreisbahnen um das sich Gleichbleibende. [39a] Sie bewegen sich jedoch schräg zum herrschenden Umschwung des sich Gleichbleibenden und dessen Kreis durchschneidend. Dabei umschreiben sie teils größere, teils kleinere Kreisbahnen. Die auf den inneren Bahnen bewegen sich schneller, die auf den größeren langsamer.

Durch den [rechtsdrehenden] Umschwung des Gleichbleibenden scheint es nun, als ob die, welche sich schnell bewegen von den sich langsamer bewegenden eingeholt werden. Vielmehr ist es aber so, dass die langsameren die schnelleren einholen; denn die Umkreisung des Gleichbleibenden zwingt diese Gestirne sich auf ellipsenförmige Bahnen zu bewegen. [39b] Insofern sich deshalb diese Gestirne zwiefach in entgegengesetzter Richtung fortrücken, bewirken sie den Anschein, als ob die, dich sich langsam von ihr entfernen am nächsten sind. In Wirklichkeit bewegen sie sich aber schneller.

(§ 60) Damit aber ein deutliches Maß für das gegenseitige Verhältnis von Langsamkeit und Geschwindigkeit vorhanden wäre, mit welcher die acht Umläufe sich bewegten, so zündete Gott in den zweiten derselben, von der Erde ab ein Licht an, eben das, was wir jetzt Sonne nennen, auf dass es möglichst durch das ganze Weltall schiene und die belebten Wesen, so vielen immer dies zukam, des Zahlmaßes theilhaftig würden, dessen sie durch die Umkreisung des Selbigen und Gleichartigen inne geworden. Tag und Nacht entstanden durch diese Veranstaltung als der Umlauf der einigen und vernünftigsten Kreisbewegung, der Monat aber, wenn der Mond seinen Kreislauf vollendet und die Sonne eingeholt hat, endlich das Jahr, so oft die Sonne ihre Bahn umschrieben hat.

Die Umläufe der übrigen aber haben die Menschen bis auf wenige unter den vielen nicht beachtet und geben ihnen daher weder (besondere) Namen, noch messen sie dieselben gegen einander zufolge angestellter Beobachtungen nach Zahlen ab, so dass sie geradezu nicht einmal wissen, dass (auch) ihre Bahnen, deren Menge verwirrt und deren Mannigfaltigkeit wunderbar ist, eine Zeit bezeichnen.

Der Kalender

(§ 60) Damit das gegenseitige Verhältnis der Langsamkeit und Schnelligkeit der acht umkreisenden [Himmels]-Körper deutlich sichtbar wird, zündete der Baumeister in der zweiten Laufbahn von der Erde weg ein Licht an. Wir nennen es Sonne. Er machte die Sonne so, dass sie möglichst das ganze Weltall ausleuchtet.
Und diejenigen Lebewesen, denen das Kreisen des unteilbar Gleichbleibenden und teilbar Bewegten durch Betrachtung inne wird, nehmen an diesem Zahlenwerk teil.
[39c] So sind Tag und Nacht durch den Umlauf der ungeteilten Einheit um sich selbst geworden; der Monat aber, wenn der Mond seinen Kreislauf vollendet und die Sonne eingeholt hat, endlich das Jahr, so oft die Sonne ihre Kreisbahn umschrieben hat.

Andere Himmelskörper und das vollständige Jahr

(§ 61) Die Umläufe der übrigen Himmelskörper aber haben die Menschen – abgesehen von ganz wenigen unter vielen – nicht beachtet. Daher geben sie ihnen weder (besondere) Namen, noch messen sie dieselben gegeneinander – aufgrund angestellter Beobachtungen – nach Zahlen ab. So sind sie nicht einmal in der Lage zu wissen, dass (auch) deren Bahnen – deren Menge verwirrt und deren Mannigfaltigkeit doch wunderbar ist – eine Zeit bezeichnen.

Es ist jedoch nichts desto weniger möglich zu beobachten, dass die vollständige Zeitenzahl auch das vollständige (große) Jahr voll macht, dann wann die gegenseitigen Geschwindigkeiten aller acht Umläufe zugleich beendigt an ihrem Ausgangspunkte zurückkehren, sofern man sie nach dem Kreise des Selbigen und sich gleichartig Bewegenden misst.

Auf diese Weise also und zu diesem Zwecke wurden alle die Sterne hervorgebracht, welche den Weltenraum in gewundener Linie durchwandern, auf dass diese lebendige Welt dem vollkommenen und nur dem Gedanken erfassbaren Lebendigen so ähnlich als möglich werde in Nachahmung seiner schlechthin ewigen Natur.

[39d] Es ist jedoch nichts desto weniger möglich zu beobachten, dass die vollständige Zeitenzahl auch das vollständige (große) Jahr voll macht. Dies ist dann der Fall, wenn die gegenläufigen Umkreisungen aller acht gleichzeitig an ihrem Ausgangspunkt zurückkehren, und zwar bemessen aus der Sicht des sich um sich selbst Kreisenden und sich gleichartig Bewegenden.

Schlussbemerkung

Auf diese Weise und zu diesem Zwecke wurden alle die Sterne hervorgebracht, welche im Weltgebäude kreisen. Für denjenigen – der die lebende Welt mittels dem Wahrscheinen erfasst – ist sie dem Vollkommenen so ähnlich als möglich und in Nachahmung seiner schlechthin ewigen Natur gebildet.

Anthropozentrische Sicht der Sterne

(§ 62) Und in allen übrigen Stücken bis zu der Entstehung der Zeit hin war sie nun bereits dem (Urbilde), welchem sie nachgebildet wurde, entsprechend vollendet; aber darin, dass sie noch nicht alle lebenden Wesen in sich fasste, so dass diesselben (schon) innerhalb ihrer entstanden waren, verhielt sie sich noch unähnlich gegen dasselbe. Und so vollendete der Bildner denn auch dies, was ihr noch mangelte, indem er es nach der Natur des Urbildes ausprägte.

Wie viel nämlich und welcherlei Gestalten die Vernunft nur immer in dem wahrhaft seienden Lebendigen als ihm einwohnenden erblickt, so viel und solcherlei, glaubte er, müsse auch dieses (gewordene) empfangen. Es giebt aber deren vier: die eine das himmlische Geschlecht [p 40] der Götter, die andere die geflügelte und die Lüfte durchschwebende, die dritte die im Wasser lebende Gattung, und die vierte, die welche sich auf ihren Füßen bewegt und auf dem Erdboden wohnt.

Die Lebewesen im All

Belebung des Weltalls

(§ 62) Mit der Einrichtung der Zeit war die Welt – dem nachzubildenden Urbilde ähnlich – weitgehend vollendet. Unähnlich war sie jedoch noch hinsichtlich der in ihr lebenden Wesen. Diese waren nämlich im Urbild zwar entstanden, aber in der Welt noch nicht geworden. So vollendete der Bildner denn auch diese noch fehlenden Lebewesen. Auch die Lebewesen prägte er gemäß dem Urbild.

Vier Gattungen der Lebewesen

Wie viel nämlich und welcherlei Gestalten der Baumeister in der vollendeten Welt innewohnend auch immer erblickt, so viel und solcherlei, glaubte er, müsse auch diese gewordene Welt empfangen. Es gibt vier Gattungen von Lebewesen: [40a]

- das himmlische Geschlecht der Göttlichen,
- das der Geflügelten und die Lüfte durchschwebenden
- die im Wasser lebende Gattung, und
- die vierte, die sich auf Füßen bewegt und auf dem Erdboden wohnt.

(§ 63) Die Gestalt des Göttlichen nun bildete er größtenteils aus Feuer, damit es so glänzend und schön als möglich anzuschauen wäre, machte es in Nachbildung des Weltganzen wohlgerundet und versetzte es in das vernunftmäßige Denken des Mächtigsten als dessen Begleiter, Indem er es im Umkreise rings um das ganz Weltgebäude vertheilte, auf dass es demselben ein wahrhafter Schmuck und eine bunte Zierde nach dessen ganzem Umfange sei.

Die göttlichen Sterne

(§ 63) Die Gestalt der Göttlichen bildete der Meister größtenteils aus Feuer, damit es glänzend und so schön als möglich anzuschauen ist. Der Bildner gestaltete diese Göttlichen in Nachbildung des Weltganzen wohlgerundet und verknüpfte es mit dem Kreisen der Herrschenden als deren Begleiter und verteilte [die Sterne] rings um das ganze Weltgebäude herum. [40b] Dem Weltgebäude sind sie in seinem ganzen Umfang ein wahrhafter Schmuck und eine bunte Zierde.

Bewegungen aber heftete er ihrer zwei einem Jeglichen (aus diesem Kreise) an, die eine in demselben Raume und in gleichmäßiger Weise als einem solchen, welches über dasselbe stets dasselbe bei sich selber denkt, die andere nach vorne als einem Solchen, welches von dem Umschwung des Selbigen und Gleichartigen beherrscht wird; hinsichtlich der fünf (anderen) Bewegungen aber ließ er es unbewegt und stillstehend, damit ein jedes dieser Wesen so vollkommen als möglich würde.
(§ 64) Aus dieser Ursache also sind alle die Sterne geworden, welche wandellos als lebendige Wesen göttlich und unsterblich und gleichmäßig in demselben Raume sich drehend ewig verharren; diejenigen aber, welche ihre Stellung verändern und somit dem Wandel unterworfen sind, entstanden aus den Gründen, welche schon im vorigen auseinandergesetzt sind.

Die Erde aber, unsere Ernährerin, welche um die durch das All gezogene Achse herumgeballt ist, bildete er zur Wächterin und Werkmeisterin von Tag und Nacht als die erste und älteste von den Gottheiten, so viel ihrer innerhalb des Weltgebäudes entstanden sind.

Die Vermenschlichung der Sterne

Die Bewegung der Sterne

Jedem dieser Sterne heftete er zwei Bewegungen an. Die eine Bewegung ist das in sich gekehrte Kreisen in demselben Raum und in gleichmäßiger Weise (welches über dasselbe stets dasselbe bei sich selber kreist). Die andere Bewegung ist die nach vorne. Diese wird von der Berührung mit dem Stofflichen oder Unstofflichen verursacht. Auf die fünf anderen Bewegungen verzichtete der Meister. Stillstehend, unbewegt wurde jedes dieser göttlichen Wesen so vollkommen als möglich gebildet.
(§ 64) [40c] Dies ist der Grund, warum all die wandellosen Fixsterne ewig verharren als lebendige Wesen, göttlich, unsterblich und gleichmäßig in demselben Raume sich drehend.
Die Sterne hingegen, die ihre Stellung verändern und dem Wandel unterworfen sind, entstanden aus vorgenannten Gründen [als Zeiger der Zeit].

Die göttliche Erde als ruhender Pol

Die Erde aber, die uns ernährt, ist um die durch das All gezogene Achse herumgeballt. Der Baumeister bildete sie als Wächterin und Werkmeisterin von Tag und Nacht. Sie ist die erste und älteste von allen Göttlichen, die im Weltgebäude entstanden sind.

(§ 65) Die Reigenbewegungen aber von diesen selber und ihre gegenseitigen (Annäherungen und) Bewegungen, und was sich auf die Rückkehr ihrer Bahnen in sich selber und ihr Vorrücken bezieht, ferner welche von den Göttern bei den Vereinigungen einander nahe und wie viele einander gegenübertreten, und hinter welchen die einzelnen, indem sie einander ins Licht treten, und zu welchen Zeiten sie sich für uns verbergen und, wenn sie dann wieder zum Vorschein kommen, Furcht vor dem, was bevorsteht, und Vorzeichen desselben für Die, welche nicht zu rechnen verstehen, mit sich bringen
Diese Reigenbewegungen jedoch genauer zu betrachten, ohne zuvor genau Abbilder von den Göttlichen gemacht zu haben, wäre vergebliche Mühe. So möge uns vielmehr das Gesagte in der obigen Weise hinreichen

und die Erörterung über die Natur der sichtbaren und geschaffenen Götter hiermit ihr Ende haben.

Reigen der Sterne und ihrer irdischen Abkömmlinge
(§ 65) Die Reigenbewegungen dieser Göttlichen sind:

- in sich selbst,
- ihre gegenseitigen Bewegungen der Annäherung und [Entfernung],
- das Verhältnis von Rückkehr und Vorrücken in ihren Bahnen,
- ferner welche der Göttlichen sich [zu Sternbilder] vereinigend einander nahe kommen und wie viele sich gegenübertreten [40d],
- hinter welchen und zu welchen Zeiten sich einzelne einander ins Licht treten oder für uns verbergen und beim Wiedererscheinen Furcht oder Vorzeichen mit sich bringen für diejenigen, die sich aufs Rechnen nicht verstehen.

Dies darzustellen ohne Anschauung von Abbildungen, die wieder von ihnen gemacht wären, würde eine vergebliche Mühe sein, und so möge uns vielmehr das Gesagte in der obigen Weise hinreichen.

Schlusssatz
[40e] Die Erörterung über die Natur der sichtbaren und abgebildeten Götter mögen hiermit ihr Ende haben.

(§ 66) Ueber die sonstigen götterartigen Wesen aber zu sprechen und ihre Entstehung zu erkennen, übersteigt unsere Kräfte, und wir werden Denjenigen glauben müssen, welche ehedem darüber gesprochen haben, da sie ja, wie sie sagten, Abkömmlinge der Götter waren und doch wohl genau ihre Vorfahren gekannt haben werden. Unmöglich also ist es, den Sprösslingen der Götter den Glauben zu versagen, wenn sie auch ohne wahrscheinliche oder (gar) zwingende Beweisgründe sprechen, sondern als solche, welche Familienverhältnisse mitzutheilen behaupten, müssen wir ihnen, dem Herkommen folgend, Vertrauen schenken.
Folgendermaßen möge daher nach ihrem Bericht hinsichtlich dieser Götter ihre Entstehung für uns sich verhalten und von uns angegeben werden. Der Ge und dem Uranos wurden Okeanos und Tethys geboren, diesen aber wiederum Phorkys, Kronos und Rhea und so Viele mit ihnen [p 41] entstanden, vom Kronos und der Rhea aber entsprossen Zeus und Hera und Alle, so viel wir ihrer wissen, welche als ihre Geschwister und von diesen (allen) selbst noch wieder als Abkömmlinge bezeichnet werden.

Die Götter und deren Abkömmlinge

Die Götterwelt und ihre irdischen Abkömmlinge

(§ 66) Sonstiges über die göttlichen Wesen zu reden oder ihre Entstehung darzulegen übersteigt unsere Kräfte. Wir glauben deshalb denjenigen, die in ihren Reden sich selbst als deren Abkömmlinge bezeichnen; sie müssen ja wohl ihre Vorfahren genauestens kennen. Den Sprösslingen dieser Göttlichen den Glauben zu versagen, ziemt sich nicht. Obgleich sie ganz ohne Wahrscheinen und erst recht ganz ohne zwingende Begründung sprechen, müssen wir ihnen – dem Brauch gemäß – Vertrauen schenken, insofern sie behaupten, ihre Familienverhältnisse mitzuteilen.

Nach Darstellung der Abkömmlinge sind die Götter folgendermaßen entstanden: Ge (Gaia, Erde) gebar dem Uranos (Himmelsgewölbe) Okeanos (Gott der Flüsse) und Tethys (Meeresgöttin); diesen wiederum wurden Phorkys, Kronos und Rhea geboren und es entstanden noch viel mehr. [41a] Vom Kronos und Rhea entsprossen Zeus und Hera und nach unserem Glauben alle, welche als deren Geschwister und Abkömmlinge aufgeführt werden.

(§ 67) Als nun aber die Götter alle, sowohl die, welche sichtbar herumkreisen, als auch die, welche (nur) erscheinen, je nachdem sie es selber wollen, ihre Entstehung hatten, da spricht zu ihnen der Erzeuger des Alls folgendermaßen: göttliche Göttersöhne, deren Bildner ich bin und Vater von Werken, welche, durch mich entstanden, unauflösbar sind, weil ich es so will. Denn alles, was zusammengebunden ist, lässt sich zwar auch (wieder) auflösen, aber das, was schön zusammengefügt ist und sich wohl verhält, würde nur ein Frevler (wieder) auflösen wollen. Deshalb seid ihr denn auch, weil ihr entstanden seid, zwar nicht schlechterdings unsterblich und unauflösbar, aber nichts desto weniger sollt ihr nimmer aufgelöst noch des Todesgeschickes theilhaftig werden, weil ihr an meinem Willen ein noch stärkeres und mächtigeres Band als jene Bänder erlangt habt, mit denen ihr zusammengebunden wurdet, als ihr entstandet.

So merket denn nun, was euch meine Rede verkündet. (§ 68) Es sind noch sterbliche Geschlechter, und zwar ihrer drei übrig, die noch unerzeugt sind, träten nun sie nicht ins Leben, so würde das Weltgebäude unvollständig sein, denn es würde dann nicht alle Geschlechter lebendiger Wesen in sich tragen, und das muss es, wenn es vollständig sein soll. Wenn sie aber durch mich entständen und mit Leben begabt würden, so würden sie den Göttern gleich werden. Damit sie also zu Sterblichen werden und dieses All ein wirkliches All sei, so kommt es euch naturgemäß zu, euch an die Hervorbringung der lebendigen Geschöpfe zu machen, indem ihr meine Thätigkeit, wie sie bei eurer Entstehung stattfand, nachahmt.

Unsterblichkeit der Göttlichen

(§ 67) Nachdem die Göttlichen – sowohl sichtbar umherkreisenden als auch diejenigen, die nur erscheinen, wenn sie es selber wollen – entstanden waren, sprach der Bildner des Weltalls zu ihnen: „Göttliche Göttersöhne! Euer Bildner und Vater bin ich. Das Werk – durch mich zur Entstehung gebracht – ist unauflösbar. Denn ich will es so. Zwar lässt sich Alles, was zusammengebunden ist, wieder auflösen. Doch nur ein Frevler würde auflösen wollen, was so schön zusammengefügt ist und sich so wohl verhält. [41b] Derart entstanden seid ihr schlechterdings weder unsterblich noch unauflösbar. Doch nichts desto weniger sollt ihr niemals aufgelöst werden. Noch werdet ihr am Todesgeschick teilhaben. Denn mein Tun bildet mit Euch ein noch stärkeres und mächtigeres Band als jene Bänder es sein können, mit denen ihr bei eurer Entstehung untereinander zusammen gebunden wurdet.

Sterblichkeit der Menschen

So merkt denn nun, was ich euch sage:

(§ 68) Drei Gattungen sterblicher Lebewesen sind noch nicht entstanden. Solange jedoch diese nicht ins Leben getreten sind, bleibt das Weltgebäude unvollständig. Denn noch wohnen nicht alle Gattungen der Lebewesen in ihm. Um das Weltgebäude zu vervollständigen, müssen diese ins Leben gerufen werden. [41c] Jedoch, entstünden diese – mit Leben begabte – Lebewesen durch mich, würden sie Euch Göttlichen gleich [unsterblich] werden.

Damit diese Lebewesen jedoch sterblich werden und das All zu einem vollständigen All, kommt es naturgemäß euch Göttlichen zu, diese lebendigen Wesen hervorzubringen. Dies könnt ihr bewerkstelligen, indem ihr meine Tun bei Eurer Entstehung nachahmt.

Die Menschenseele

Und so viel an ihnen dem Unsterblichen gleichnamig zu sein verdient, nämlich das göttlich zu Nennende und Leitende in ihnen, soweit sie stets dem Rechte und euch zu folgen geneigt sind, von Dem will ich die Samen und Keime (selbe) bilden und euch dann übergeben; in ihren übrigen Theilen aber sollt ihr, indem ihr mit (diesem) Unsterblichen Sterbliches verwebt, die lebendigen Geschöpfe vollenden und erzeugen und, indem ihr ihnen Nahrung gebt, sie wachsen lassen und, wenn sie dahingeschwunden sind, wieder (in euch) aufnehmen.

(§ 69) So sprach er und goss wiederum in daßelbe Mischgefäß, in welchem er zuvor die Seele des All zusammengemischt hatte, die Ueberreste derselben Bestandtheile hinein und vermischte sie zwar ungefähr auf die gleiche Weise, nahm sie aber nicht von derselben gleichmäßigen Reinheit, sondern vom zweiten und dritten Range. Und nachdem er (aus ihnen) ein Ganzes gebildet hatte, vertheilte er daßelbe in Seelen von der gleicher Zahl mit den Sternen und theilte je eine einem jeden zu,

Erschaffung der Menschenseele

Die unsterbliche Seele für den sterblichen Menschen
Ich selbst werde dasjenige bilden,

- was es verdient unsterblich genannt zu werden.
- was man das Göttliche und das Herrschende in ihnen nennt.
- was sie einerseits zum Rechtschaffenen handeln und
- gleichzeitig euch zur Folgschaft führt.

Diese unsterbliche Samen und Keime bilde ich selbst und werde sie euch dann übergeben. [41d] Ihr Göttlichen sollt dann den Leib der Lebewesen vollenden, indem ihr

- das Unsterbliche mit dem Sterblichen verwebt.
- das Erzeugte wachsen lässt,
- den Lebewesen Nahrung gebt.
- wenn sie dann dahingeschwunden sind, ihr diese wieder bei euch aufnehmt.

Mischung der unsterblichen Menschenseele
(§ 69) Während der Bildner dies so sprach, goss er wieder Überreste der Teile des Unteilbaren und des Teilbaren und der Mischung aus beidem in das Mischgefäß, in welchem er bereits die Seele des Alls zusammengemischt hatte. Wie zuvor mischte er die Teile ungefähr auf die gleiche Weise. Er nahm jedoch Teile nicht der gleichen Reinheit, sondern lediglich von der Reinheit zweiten und dritten Grades. Nachdem der Bildner alles zu einem einzigen Ganzen zusammengemischt hatte, unterteilte er das Ganze in zahlenmäßig so viel Seelen, wie es Sterne gibt. [41e] Jede Seele teilte er einem Stern zu.

und nachdem er sie so (auf dieselben) wie auf ein Fahrzeug gesetzt hatte, zeigte er ihnen die Natur des All und verkündete ihnen die vom Schicksal verhängten Gesetze, daß nämlich die erste Geburt auf die gleiche Weise für sie alle bestimmt sein werde, - auf daß keine von ihnen ein Nachtheil durch ihn gesetzt würde, und - daß sie auf die einzelnen, einer jeden entsprechenden Werkzeuge der Zeit verpflanzt, - zu demjenigen aller lebendigen Geschöpfe werden sollten, welches am meisten die Götter verehre; und - da die menschliche Natur eine zweigetheilte sei, so solle das edlere von beiden Geschlechtern mit einer solchen Beschaffenheit vorgebildet werden, [p 42] wie sie hernach mit dem Namen Mann verbunden sein sollte.

Belehrung der Seele im All

Den Seelen – gleichsam auf ein Fahrzeug gesetzt – zeigte er dann die Natur des Alls und teilte einer jeden die Einsicht in ihr eigenes Schicksal mit. Danach ist die erste Geburt für alle in der gleichen Weise bestimmt: Danach

- erleidet keine Seele einen Nachteil durch den Bildner,
- wird jede Seele für eine bestimmte Zeit in ihren eigenen Körper eingepflanzt,
- ist sie die Geburt unter allen Lebewesen, welches die Göttlichen am meisten verehrt;
- wird – da die menschliche Natur zweigeteilt ist – das Edlere von beiden Geschlechtern entsprechend eingerichtet und beschaffen. Diese trägt den Namen Mann.

(§ 70) Sobald sie nun aber der Nothwendigkeit gemäß in Leiber eingepflanzt wären, und von ihrem Leibe ein Theil hinzu käme und ein anderer Theil abginge, so müsse nothwendig zuerst die Wahrnehmung und Empfindung auf gleiche Weise in ihnen allen entstehen, als nothwendig mit starken Erregungen und Eindrücken verwachsen; sodann als das Zweite die Liebe, welche aus Lust und Schmerz gemischt ist; hierauf Furcht, sowie Zorn und Eifer und Alles, was hiermit zusammenhängt, und wiederum Alles, was aus den Gegenwirkungen hervorgeht. Wenn sie nun über diese (Erregungen) herrschten, so würden sie gerecht leben, wenn sie aber sich von ihnen beherrschen ließen, ungerecht.

(§ 71) Und wer die ihm zugemessene Zeit hindurch wohl gelebt habe, der solle in die Behausung des ihm verwandten Gestirnes zurückkehren und ein seliges und seiner Gewohnheit entsprechendes Leben führen;

Das Wesen der Seele im menschlichen Leib

Die Seele im menschlichen Leib

(§ 70) [42a] Wenn die Seelen dann – der Notwendigkeit folgend – in die Leiber eingepflanzt sind, müssen alle diese Wesen in gleicher Weise in der Lage sein, – wenn [Elementen]-Teile hinzukommen oder [Elementen]-Teile abgehen – Veränderungen entstehen zu lassen und zwar

- die Wahrnehmung und Empfindung notwendig verbunden mit starken Eindrücken und Erregungen,
- die Liebe, in welcher Lust und Schmerz sich verbindet,
- Furcht, Zorn, Eifer und alles, was hiermit zusammenhängt;
- wiederum alles, was aus den Gegenwirkungen hervorgeht.

Rechtschaffenes und lasterhaftes Leben

(§ 71) Hat das Lebewesen die ihm zugemessene Zeit hindurch rechtschaffen gelebt hat, kehrt er in die Behausung zu jenem verwandten Stern zurück. Dort führt er das bisherige und seiner Gewohnheit entsprechende Leben fort.

wer aber hierin gefehlt, der werde in eines Weibes Natur bei seiner zweiten Geburt verwandelt werden; wenn er aber auch in diesem Zustande noch nicht seiner Schlechtigkeit Einhalt thäte, so solle er der Art derselben entsprechend, jedesmal in eine Thiergattung von ähnlicher Art, wie er sie sich angebildet, übergehen und in steter Verwandlung nicht eher ans Ende seiner Leiden gelangen als bis er, der dem Umschwunge des Selbigen und Gleichartigen in sich folgend, jener wirren und vernunftlosen Masse, welche sich später aus Feuer, Wasser, Luft und Erde ihm angesetzt durch die Vernunft Herr geworden und so in die Gestalt seiner frühern und edelsten Beschaffenheit zurückgekehrt wäre.

[42b] Dasjenige Lebewesen, das in seinem Leben gefehlt hat, wird bei seiner zweiten Geburt in die Natur eines Weibes verwandelt. Gebietet es aber auch im Zustand des Weibes seiner Schlechtigkeit keinen Einhalt, soll es sich in die Tiergattung wandeln, das seiner Lasterhaftigkeit entspricht. [42c] Diese Wandlung soll nicht eher enden bis er – dem Kreisen des irdischen und himmlischen folgend – sich der wirren und seelenlosen Masse aus Feuer, Wasser, Luft und Erde entgegensetzt. Erst kreisend Herr seiner selbst geworden, kehrt er dann in die Gestalt seiner früheren und edelsten Beschaffenheit zurück.

(§ 72) Nachdem er ihnen nun alle diese Gesetze verkündet hatte, um an der späteren Schlechtigkeit eines jeden unschuldig zu sein, verpflanzte er sie theils auf die Erde, theils auf den Mond, theils auf die übrigen Werkzeuge der Zeit. Was aber nach dieser Verpflanzung noch zu thun war, das überließ er den jungen Göttern, nämlich ihnen sterbliche Leiber anzubilden und das Rückständige, was zur (Entstehung einer) menschlichen Seele noch hinzukommen musste, dies und alles damit Zusammenhängende zu vollenden und dann die Herrschaft zu führen und nach Möglichkeit aufs Schönste und Beste das sterbliche lebendige Wesen zu lenken, soweit es nicht selber sich Übel zuziehen würde.

Entsendung der Göttlichen

(§ 72) [42d] Nachdem der Bildner den Göttlichen diese Gesetze verkündet hatte – selbst befreit von jeder Schuld an der späteren Schlechtigkeit eines jeden – verpflanzte er die Göttlichen teils auf die Erde, teils auf den Mond, teils auf die übrigen Anzeiger der Zeit. Doch was nach dieser Verteilung der Göttlichen auf die Sterne noch zu tun war, überließ er den jungen Göttern. Ihnen trug der Baumeister auf: [42e]

- die sterblichen Leiber abzubilden,
- das, was der Seele noch fehlt, einzurichten und was mit ihr zusammenhängt zu vollenden
- die Herrschaft über die Menschen zu fuhren und
- nach Möglichkeit das sterbliche Lebewesen aufs Schönste und Beste zu lenken, soweit es sich nicht selber Übel zuzieht.

(§ 73) Nachdem er ihnen nun alle diese Gesetze verkündet hatte, um an der späteren Schlechtigkeit eines jeden unschuldig zu sein, verpflanzte er sie theils auf die Erde, theils auf den Mond, theils auf die übrigen Werkzeuge der Zeit. Was aber nach dieser Verpflanzung noch zu thun war, das überließ er den jungen Göttern, nämlich ihnen sterbliche Leiber anzubilden und das Rückständige, was zur (Entstehung einer) menschlichen Seele noch hinzukommen musste, dies und alles damit Zusammenhängende zu vollenden und dann die Herrschaft zu führen und nach Möglichkeit aufs Schönste und Beste das sterbliche lebendige Wesen zu lenken, soweit es nicht selber sich Übel zuziehen würde,

verkitteten darauf diese entnommenen Theile in Eins, indem sie sie nicht mit den unauflöslichen Bändern, durch welche sie selber [p 43] zusammengehalten wurden, sondern mit einer Menge von Stiften, welche ihrer Kleinheit wegen unsichtbar sind, zusammen hefteten, bildeten so aus der Gesamtmasse jeden einzelnen Körper,

und banden endlich die Umschwünge der unsterblichen Seele in (diesen) ab- und zuströmenden Leib hinein.

Die Göttlichen bilden den beseelten Leib

Stoff und Seele für den Menschen

(§ 73) Nachdem der Bildner dies alles angeordnet hatte, verharrte er seinerseits in einem Zustand, der ihm gemäß seiner Art angemessen ist. Seine [göttlichen] Kinder vernahmen die Anordnungen des Vaters und leisteten ihr Folge. Die Göttlichen nahmen den unsterblichen Keim für das sterbliche Lebewesen vom Bildner in Empfang und entlehnten dem All – ihren Erzeuger nachahmend – Teile von Feuer, Erde, Wasser und Luft. Sie entlehnten die Teile, um diese später dem All wieder zurückerstatten zu können.

Der Körper wird zusammengefügt

Aus den – dem All entnommenen – Teilen fügten sie die einzelnen Lebewesen zusammen. Die Teile verbanden sie jedoch nicht mit den unauflöslichen Bändern mit denen die Göttlichen selbst zusammengehalten wurden. [43a] Vielmehr hefteten sie die Teile mit einer Menge von Stiften zusammen, die wegen ihrer Kleinheit unsichtbar sind. So bildeten die Göttlichen aus der gesamten Masse jeden einzelnen Leib.

Die Seele wird in den Leib eingebunden

Die unsterbliche Seele banden sie in den Leib hinein, die Bewegungen des ständigen Empfangens und Ausscheidens [im Leib] kreisend zu empfinden.

IV

DIE SEELE IM KOPF

Entwicklung von Leib und Seele

(§ 74) Diese nun, in einen (so) gewaltigen Strom eingeschlossen, beherrschten (denselben) weder, noch wurden sie (vom ihm) beherrscht, sondern gewaltsam wurden sie fortgezogen und zogen sie fort, so daß das ganze lebendige Gebilde bewegt ward, und demnach ohne Ordnung fortrückte, wohin der Zufall es führte, und ohne Vernunft, weil es alle sechs Bewegungen hatte; denn nach Vorn und Hinten und ebenso nach Rechts und Links, und nach Oben und Unten, kurz überall nach den sechs Richtungen rückte es in der Irre fort. Denn so heftig auch schon die zuströmende und abfließende Woge war, welche ihm seine Nahrung brachte, so ward doch eine noch heftigere Erschütterung durch die Eindrücke von dem bewirkt, was einem jeden widerfuhr, wenn sein Körper mit einem fremden Feuer von außen zusammenstieß oder mit festen Erdtheilen oder der dahingleitenden Feuchtigkeit des Wassers, oder wenn er von einem Wirbel der durch die Luft erregten Winde ergriffen wurde,

und dann durch dies Alles Bewegungen erregt und durch den Körper hindurch fortgeführt wurden, bis sie die Seele fanden; und sie wurden denn auch nachher eben hiernach genannt und heißen auch noch jetzt insgesamt Empfindungen.

Die Seele im Chaos der Elemente

Die Wahrnehmung und Empfindung

(§ 74) Die Leiber – in einen gewaltigen Fluss der Elemente treibend – beherrschten weder den Fluss, noch wurden sie von diesem beherrscht. [43b] Vielmehr wurden die Leiber gewaltsam in ihn hineingezogen und entzogen sich ihm wieder. Das ganze lebendige Gebilde bewegte sich, rückte planlos von Ort zu Ort, dorthin, wohin der Zufall es führte. Unbeherrscht irrte der Leib – sich aller sechs Bewegungsarten bedienend – nach vorn und hinten, nach rechts und links, nach oben und unten; kurz: das Gebilde bewegte sich in alle sechs Richtungen. Doch so heftig die Woge – dem Leib Nahrung zu- und abführend – auch war, so bewirkten viel heftigere Erschütterung solche Eindrücke, die – einem jeden widerfahrend – den Leib ergreifen, sei es durch

- ein fremdes von außen auf ihn stoßendes Feuer,
- feste Erdteile,
- fließende Feuchtigkeit des Wassers, oder
- einen Wirbel, der vom Wind erregten Luft.

[43c] Diese alle Bewegungen berührten den Leib und setzen sich durch den Leib hindurch fort, bis sie endlich die Seele fanden. Diese Bewegungen nannte man später insgesamt Empfindung. Und so nennt man sie heute noch.

(§ 75) Sie waren es also, welche schon damals für den Augenblick die meiste und stärkste Bewegung hervorbrachten; und indem sie vermöge des unaufhörlich strömenden Flusses die Umläufe der Seele in Bewegung setzten und heftig erschütterten,

so hemmten sie sowohl den des Selbigen gänzlich durch ihr Entgegenströmen und hielten seine Herrschaft und seinen Fortgang auf, als sie auch andererseits den des Anderen so erschütterten, daß sie die Zwischenräume des Zweifachen und Dreifachen, welche ihrer je drei von beider Art waren, und die Mittel- und Bindeglieder des Anderthalb-, Vierdrittel- und Neunachtelfachen, da sie ganz aufzulösen nur dem möglich war, welcher sie zusammengeknüpft hatte, auf alle Weise verkehrten und alle möglichen Durchbrechungen und Störungen in die Kreise hineinbrachten, so viel es ihrer nur geben konnte; so daß sie kaum noch mit einander zusammenhingen und sich zwar noch fortbewegten, aber vernunft- und regelwidrig, bald in entgegengesetzter Richtung, bald zur Seite und bald kopfüber;

Die Seele im Chaos der Wahrnehmung

(§ 75) Die durch die Elemente verursachten Wahrnehmungen brachten schon damals die häufigsten und heftigsten [Seelen-] Bewegungen hervor, wenn oft auch nur für Augenblicke. [43d] Die unaufhörlich wilden Ströme der Elemente setzten das Kreisen der Seele im Leib in Bewegung und erschütterten diesen heftigst.

Einerseits hemmten die Wahrnehmungen sowohl das Kreisen des Stofflichen gänzlich durch ihr Entgegenströmen und hinderten so dessen [alleinige] Herrschaft als auch dessen Fortbewegung. Andererseits erschütterten die Wahrnehmungen das Kreisen des Unstofflichen derart, dass die Zwischenräume – des Zwei- und Dreifachen, welche ihrer je drei von beider Art waren, und die Mittel- und Bindeglieder des Anderthalb-, Vierdrittel- und Neunachtelfachen – auf alle möglichen Weisen verwirrt wurden. Doch konnten die Wahrnehmungen nur Verwirrung stiften, nicht aber das ganze zur Auflösungen bringen. Denn dies war nur dem Baumeister möglich, der das All zusammen knüpfte.

Orientierungslosigkeit der Seele

So brachten die Wahrnehmungen alle möglichen Durchbrechungen und Störungen in das Kreisen der Seele hinein – eben, soviel es nur ging. [43e].

Die Verwirrung [das Chaos] war derart, dass das Kreisen kaum noch miteinander zusammenhing. Das Kreisen setzte sich zwar noch fort, jedoch gesetzeswidrig; bald bewegte sich der Leib in entgegengesetzte Richtung, bald zur Seite, bald kopfüber.

gleichwie dann, wenn ein Mensch umgekehrt mit dem Haupte auf die Erde sich stützt, die Füße aber nach oben gewandt hat und an irgend Etwas festhält, in diesem (entgegengesetzten) Zustande dessen, welcher sich in einer solchen Lage befindet und derer, die ihn ansehen, beiden Theilen gegenseitig das, was dem einen rechts, dem andern links und was dem einen links, dem andern rechts erscheint.

(§ 76) Wenn daher die Umläufe von eben demselben und von anderen ähnlichen Vorgängen in heftigem Maße betroffen werden, so bezeichnen sie, wenn sie mit etwas von dem außerhalb Befindlichen, sei es von der Art des Selbigen oder von der des Anderen, in Berührung kommen, sodann das, was das Selbige mit dem irgend Etwas und das, was ein Anderes ist, als irgend Etwas, auf eine der Wahrheit entgegengesetzte Weise und sind somit trügerisch und unverständig geworden, und keiner von ihnen ist dann der herrschende und leitende, sondern diejenigen, welchen dann von außen her irgend welche Wahrnehmungen und Empfindungen zustoßen und zu Theil werden, dergestalt, daß dieselben auch die Seele in ihrem ganzen Umkreis mit sich fortreißen, diese scheinen dann zu herrschen, obwohl sie (vielmehr) beherrscht werden.

(§ 77) In Folge aller dieser Erschütterungen wird denn auch die Seele jetzt anfänglich bewußtlos, sobald sie in einen sterblichen Körper hineinverflochten ist.

Die Leiber bewegten sich gleichsam einem Menschen, der sich mit seinem Haupte auf die Erde stützt und sich mit den nach oben gestreckten Füßen an irgendetwas festhält.
In diesem Zustand erscheint dann dem, der sich in dieser Stellung befindet und dem, der ihn anschaut alles entgegengesetzt: das, was dem einen rechts, ist dem andern links und was dem einen links, ist dem andern rechts.

Bildung von Leib und Seele

Die Orientierungslosigkeit des Neugeborenen

(§ 76) Wenn das Kreisen von derartigen und ähnlichen heftigen Vorgängen bewegt wird, beschreibt dies in der Tat irgendetwas anderes – durchaus etwas Entgegengesetztes. [44a] Die Wahrnehmung durch die Berührung mit etwas Äußerem kann stofflich als auch unstofflich geschehen. Kommt sodann sowohl das Stoffliche mit dem Irgendetwas in Berührung als auch das Unstoffliche mit dem Irgendetwas, ist beiden Fällen die Wahrnehmung trügerisch und unvereinbar. Weder das Stoffliche noch das Unstoffliche ist dann das Herrschende und Leitende. Vielmehr reißen diese Bewegungen – welche dem Leib von außen irgendwelche Wahrnehmungen zustoßen und Empfindungen auslösen – die Seele in ihrem ganzen Kreisen mit sich fort. [44b] Die Bewegungen der Wahrnehmung scheinen dann zu herrschen, obwohl sie beherrscht werden sollten.

(§ 77a) In einen sterblichen Leib hinein verflochten, wird die Seele durch all diese Erschütterungen [im Urzustand] anfänglich ganz orientierungslos.

Sobald aber der Strom des Wachsthums und der Nahrung (nur noch) in geringerem Maße herzufließt, dann bekommen die Umläufe wieder Ruhe, schlagen wieder ihren eigenen Weg ein und befestigen sich auf demselben immer mehr im Verlaufe der Zeit.
(§ 77) Und dann erst machen die Umschwünge, indem sie sich nach dem naturgemäßen Gange der einzelnen Kreis richten und so das Andere und das Selbige mit dem rechten Namen benennen, ihren Besitzer vernunftbeseelt.

Kommt nun dann auch noch die rechte Nahrung durch geistige Ausbildung zur Hülfe, dann wird er ganz und gar untadelhaft und gesund und ist der größten Krankheit entflohen. Hat er dies aber vernachlässigt, so gelangt er, nachdem er hinkend die Lebensbahn zurückgelegt hat, unvollkommen und unverständig wieder in die Unterwelt. Dies nun geschieht einst in späterer Zeit;

Wachsen

Wenn dann im Wachstum sich der Zufluss an Nahrung mäßigt, beruhigt sich das Kreisen und festigt sich im Laufe der Zeit in ihren geordneten Bahnen immer mehr.

(§ 77b) [44c] Dann erst, wenn sich beim Kreisen – dem naturgemäßen Gang der einzelnen Kreisbewegungen richtend – das Stoffliche und das Unstoffliche mit der richtigen Kundgabe abgeglichen wird, erlangt das Entstehende gewiss Rechtschaffenheit.

Der Erwachsene

Kommt nun zur richtigen Ernährung die rechte Geistesnahrung durch Erziehung zu Hilfe, wird der Mensch ganz und gar untadelhaft und gesund. So entflieht er der größten Krankheit. Vernachlässigt der Mensch diese [geistige] Erziehung, legt er sein Leben fehlend zurück; unvollkommen und ungebildet erreicht er die Unterwelt. Dies ist aber erst später näher darzulegen.

das jetzt Vorliegende aber muss genauer durchgegangen werden. Das also, was jenem vorangeht, nämlich die Entstehung des Körpers und der Seele nach ihren einzelnen Theilen und aus welchen Ursachen und aus welcher Absicht der Götter sie entstanden sind, haben wir (jetzt) dergestalt zu erörtern, daß wir, wie wir uns überhaupt an das am meisten Wahrscheinliche halten, so auch hierin vorgehen.

(§ 78) Die göttlichen Umläufe nämlich, zwei an der Zahl, schlossen die Götter, indem sie die Gestalt des All, welche ja rund ist, nachahmten, in einen kugelförmigen Körper, nämlich denjenigen ein, welchen wir jetzt Kopf nennen, welcher das göttlichste und Alles an uns beherrschende (Glied) ist. Daher übergaben sie ihm auch den ganzen Leib als eine für ihn zusammengebrachte Dienerschaft, weil sie bedachten, daß er aller Bewegungen, so viel deren entstehen konnten, theilhaftig sein würde; damit er also nicht auf der Erde, die da Höhen und Tiefen von aller Art hat, herumrollend in Verlegenheit geriethe, wie er jene übersteigen und aus diesen sich herausarbeiten sollte,

Der Erwachsene als Abbild des Alls

Grundfragen

Hingegen bedarf das eben dargestellte der genaueren Betrachtung. Es ist zum einen zu erörtern, was der Entstehung des Leibs und der Seele vorangeht und zum anderen welche Ursachen diesem zu Grunde liegen und welche Absichten die Götter damit verfolgten. [44d] Auch hier müssen wir uns – wie überhaupt – an das Wahrscheinen halten.

Der Leib als Fahrzeug des göttlichen Kopfes

(§ 78) Die göttlichen Kreisbewegungen, zwei an der Zahl, schlossen die Götter – der Kreisbewegung im All nachahmend – in einen kugelförmigen Körper und zwar in denjenigen, welchen wir jetzt Kopf nennen. Der Kopf ist in uns das Göttlichste und alles Beherrschende. Den Leib bestimmten die Göttlichen dem Kopf zur Dienerschaft. Er ist das Fahrzeug des göttlichen Kopfes. [44e] Sie bedachten nämlich, dass der Kopf an allen möglichen Bewegungen des Leibes teil haben sollte. Sie wollten vermeiden, dass der Kopf auf dem Erdboden herumrollend in Verlegenheit gerät, wenn er auf der Erde die ganz mannigfaltigen Arten von Höhen übersteigen oder aus den Tiefen sich wieder empor arbeiten muss.

so gaben sie ihm denselben zum Fahrzeuge zu leichtem Fortkommen. Demgemäß erhielt denn der Körper Länge und trieb, indem die Gottheit ihn zum Gehen einrichtete, vier ausstreckbare und biegsame Glieder, mit denen er sich theils anzuhalten, theils aufzustützen, und so aller Orten sich fortzubewegen im Stande ward, [p 45] indem er den Wohnsitz des Göttlichsten und Heiligsten in uns auf seinem Gipfel trug.
(§ 79) Beine und Hände also wuchsen auf diese Weise und zu diesem Zwecke allen (Körpern) an, und da die Götter die vordere Seite für edler und der Herrschaft würdiger hielten, so verliehen sie unserem Gange vorzugsweise die Richtung nach vorne, und eben deßhalb mußte auch die vordere Seite des menschlichen Körpers in unterscheidender Weise und unähnlich (von der hinteren) gebildet werden,

daher fügten die Götter zunächst auf dieser Seite dem Umkreise des Hauptes das Antlitz an, versetzten in dieses die Werkzeuge für die gesamte Ueberlegungsthätigkeit der Seele, und verordneten, daß dasselbe das natürliche Vorne bilden und die Oberleitung haben sollte.

So gaben die Göttlichen dem Kopf den Leib als Fortbewegungsmittel zum leichteren Fortkommen. Den Rumpf zogen sie in die Länge und bestückten ihn – indem die Göttlichen ihn zum Gehen einrichteten – mit vier ausstreckbaren und biegsamen [gelenkigen] Gliedern. Mit denen konnte sich der Kopf beliebig festhalten oder aufstützen. [45a] So ist der Kopf – den Wohnsitz des Göttlichsten und Erhabensten in sich tragend – in der Lage sich nach allen Orten fortzubewegen. (§ 79) Auf diese Weise und zu diesem Zwecke wuchsen den Menschen Beine und Hände an. Da die Götter die vordere Seite für edler und der Herrschaft würdiger hielten, so verliehen sie unserem Gange vorzugsweise die Richtung nach vorne. Deshalb mussten sie die vordere Seite Leibes und die hintere ganz unähnlich gestalten.

Das Antlitz mit den Sinneswerkzeugen

So setzten die Göttlichen auf der einen Seite des rundgewölbten Kopfes das Antlitz und bestückten dieses mit den Sinneswerkzeugen als [Hilfsmittel] für die gesamte Überlegungstätigkeit der Seele. [45b] Weiter ordneten sie an, dass diese Seite das natürliche Vorne bildet und das Leitende inne hat.

Der Philosoph und seine Hilfsmittel

Von (diesen) Werkzeugen aber verfertigten sie zuerst die Leiter des Lichtes, die Augen, und befestigten sie aus folgender Ursache (im Gesichte).

(§ 80) So viel nämlich vom Feuer nicht die Eigenschaft hat zu brennen, sondern das milde Licht zu verbreiten, welches jedem Tage eigenthümlich ist, bildeten sie zu einem Körper. Nämlich das in uns befindliche hiemit verwandte reine Feuer ließen sie glatt und dicht aus den Augen ausströmen, indem sie das ganze Gewebe derselben, und zwar vorzugsweise den mittleren Theil von ihm, so fest zusammenzogen, daß es alles andere Feuer von dichterer Beschaffenheit zurückhält und nur das von jener Art rein hindurchläßt.

Sobald daher das Tageslicht diese Ausströmung des Sehstrahles in sich aufnimmt, so strömt eben damit Gleichartiges zu Gleichartigem aus, und beides verschmilzt durch diese seine Verwandtschaft in gerader Richtung vom Auge zu einem einzigen Körper,

Der Philosoph und seine Hilfsmittel

Licht, Sehen, Wahrnehmen

Von den Sinneswerkzeugen verfertigten die Göttlichen zuerst die Empfänger des Lichts: die Augen. Aus folgender Ursache befestigten sie die Augen im Antlitz.

Licht und Feuer
(§ 80) Feuer hat zwei Eigenschaften: das Brennen und das milde Licht Verbreiten. Letzteres ist jedem Tage eigentümlich. [45c] Die Göttlichen hefteten das Feuer in den Leib. Das im Leib befindliche „Feuer" – verwandt mit dem reinen Feuer – ließen die Göttlichen glatt und dicht aus den Augen ausströmen. Dazu verdichteten sie das ganze Gewebe des Auges – vorzugsweise den mittleren Teil – so dicht, dass alles Feuer von noch dichterer Beschaffenheit zurückgehalten wird und nur das von jener reinen Art bestehende Tageslicht durchlässt.

Sehen
Gleichartiges strömt nun zu Gleichartigem, sobald das Tageslicht das Ausströmen des Sehstrahles in sich aufnimmt. Beide Ströme verschmelzen sich aufgrund ihrer Verwandtschaft in direkter Linie vom Auge zu einem einzigen [gegenständlichen] [Licht-] Körper.

wo nur immer das von innen ausströmende Feuer an demjenigen, welches von den äußeren Gegenständen her mit ihm zusammentrifft, im Gegenstoße einen Halt findet. Und da nun dieser Lichtkörper eben wegen seiner durchweg gleichartigen Beschaffenheit auch in allen seinen Theilen die gleichen Eindrücke empfängt, so theilt er von allen Gegenständen, mit welchem derselben er nur immer in Berührung tritt, und welcher andere mit ihm, ihre Bewegungen dergestalt dem ganzen Leibe mit, daß sie durch diesen bis zur Seele hindurchdringen, und erzeugt so die Empfindung, auf welche eben wir den Ausdruck „wir sehen" anwenden

Wahrnehmen

[45d] Das vom Augeninneren ausströmende Feuer findet im Gegenstoß dann einen Halt, wenn der Sehstrahl – wo auch immer – mit dem Strahl der äußeren Gegenstände zusammentrifft. Der Lichtkörper empfängt nun wegen seiner durchweg gleichartigen Beschaffenheit durch den Sehstrahl die gleichen Eindrücke. So teilt der Sehstrahl aller Gegenstände – mit denen er auch immer in Berührung tritt und der Gegenstand mit ihm – durch die [harmonischen] Bewegungen, die dann den ganzen Leib bis zur Seele hin durchdringen mit. Derart entsteht der Eindruck [von dem gegenständlichen Körper] den wir „Sehen" nennen.

(§ 81) Sobald dagegen das (ihm) verwandte Feuer (des Tages) in Nacht dahingegangen, so wird und bleibt der Sehstrahl (vom Auge) abgeschnitten; denn da er nunmehr zu Unähnlichem heraustritt, so verändert er auch sich selber und erlischt, indem er nicht mehr mit der umgebenden Luft eine Verbindung eingeht, weil dieselbe kein Feuer hat. Er hört daher auf, eine Gesichtswahrnehmung hervorzubringen.

und führt überdies auch den Schlaf herbei. Indem nämlich (nun) das, was die Götter zum Schutze des Gesichtes ins Leben gerufen haben, das Gebilde der Augenlider, indem (sage ich) diese sich schließen, so halten sie die Gewalt des Feuers inwendig zurück, und dieses zerstreut und beschwichtigt sodann die Bewegungen im Inneren, so daß in Folge dessen Ruhe eintritt.

Ist nun diese Ruhe in einem hohen Grade vorhanden, so entsteht ein nur wenig von Träumen getrübter Schlaf; sind aber einige stärkere Bewegungen zurückgeblieben, so bewirken diese, daß Traumerscheinungen, welche der eigenen Natur dieser Bewegungen, sowie, [p 46] der der Orte, an denen sie zurückgeblieben sind, an Art und Zahl entsprechen, sich im Inneren bilden und sodann nach dem Erwachen der Erinnerung auch äußerlich entgegentreten.

Die Nacht, der Schlaf, der Traum

Die Nacht

(§ 81) Wenn dann das dem Sehstrahl verwandte Feuer in die Nacht entschwunden ist, wird und bleibt der Sehstrahl abgeschnitten. Mit dem Unähnlichem der Nacht verändert sich der Sehstrahl selber und erlischt. [45e] Denn mit der Luft – die nächtlich ganz ohne Feuer ist – vermag der Sehstrahl keine Verbindung einzugehen, der Sehstrahl hört auf eine Wahrnehmung durch Sehen hervorzubringen.

Der Schlaf

So führt der Sehstrahl überdies auch den Schlaf herbei. Indem nämlich nun die Augenlider – von den Göttlichen zum Schutze des Auges eingerichtet – sich schließen. Geschlossen halten sie die Gewalt des Feuers zurück, zerstreut und beschwichtigt die Bewegungen im Inneren. Folglich tritt Ruhe ein. In hohem Grad dieser Ruhe entsteht ein – nur wenig von Träumen getrübter – Schlaf.

Der Traum

Bleiben aber einige stärkere Bewegungen zurück, bewirken diese im Inneren Traumerscheinungen, welche der eigenen Natur dieser Bewegungen, sowie, der Orte, an denen sie zurückgeblieben sind, an Art und Zahl entsprechen. [46a] Beim Erwachen treten sie dann wieder nach außen in Erinnerung.

(§ 82) Eben so ist auch die Erzeugung der Bilder in den Spiegeln und der Widerschein in allen Körpern von glatter und glänzender Oberfläche (hiernach) nicht mehr schwer zu erklären. Denn indem sodann gemäß der Verbindung, welche beiderlei Feuer nach innen und nach außen zu (stets) mit einander eingehen, beide auf der glatten Oberfläche jedesmal in e i n e n Punkt zusammentreffen und dadurch eine vielfältige Veränderung erleiden, so entstehen daraus nothwendig alle hierbei vorkommenden Erscheinungen, (zum Beispiel) wenn das aus dem (eignen) Antlitz ausströmende Feuer (in dieser Weise) mit dem des Sehstrahls auf einer glatten und glänzenden Oberfläche verschmilzt.

Als Rechtes (nämlich) erscheint dabei das Linke, weil die entgegengesetzten Theile des Sehstrahls dabei mit den entgegengesetzten Theilen (von dem Lichtstrahl des gesehenen Gegenstandes) in Berührung treten wider die sonst gewohnte Art ihres Zusammentreffens.

Der Spiegel

Die Beschreibung

(§ 82) Nun ist die Erzeugung der Bilder in den Spiegeln und der Widerschein in allen Körpern von glatter und glänzender Oberfläche nicht mehr schwer zu erklären: Beiderlei Feuer gehen nach innen und nach außen miteinander in e i n e m Punkt eine Verbindung ein, wenn sie auf der glatten Oberfläche zusammentreffen und dadurch eine vielfältige Veränderung erleiden. [46b] Derart entstehen notwendig alle hierbei vorkommenden Erscheinungen, wenn nämlich das Feuer des Sehstrahls aus dem Antlitz strömt und auf einer glatten und glänzenden Oberfläche mit dem anderen Feuer verschmilzt.

Planspiegel

Das Rechte erscheint dann als das Linke. Denn die entgegengesetzten Teile des Sehstrahls treten mit den entgegengesetzten Teilen in Berührung – ganz wider die sonst gewohnte Art ihres Zusammentreffens.

Oder es erscheint auch im Gegentheil das Rechte (wirklich) als Rechtes und das Linke als Linkes, sobald nämlich das Licht von innen her bei der Verschmelzung mit dem (anderen) mit welchem es verschmilzt, nach der entgegengesetzten Seite hin fällt. Dies findet aber dann statt, wenn die glatte Oberfläche eines Spiegels an beiden Seiten erhöht ist und so das Rechte nach der linken Seite des Sehstrahls und das Linke nach der rechten desselben hindrängt. Nach der Länge des Antlitzes aber gekehrt läßt dieser nämliche Spiegel alles kopfüber liegend erscheinen, indem er wieder das unten Befindliche nach der oberen und das oben Befindliche nach der unteren Seite des (Seh-)Strahles hintreibt.

Konkaver Spiegel

Oder – im Gegenteil – es erscheint das Rechte als Rechtes und das Linke als Linkes. Dies ergibt sich, wenn das Licht von innen her bei der Verschmelzung mit dem sich Verschmelzendem nach der entgegengesetzten Seite hinfällt. Dies ist nur dann der Fall, wenn die glatte Oberfläche eines Spiegels an beiden Seiten [konkav] erhöht sind und so das Rechte nach der linken Seite des Sehstrahls [46c] und das Linke nach der rechten desselben hindrängt. Nach der Länge des Antlitzes aber gedreht, lässt dieser nämliche Spiegel alles kopfüber liegend erscheinen, indem er das unten Befindliche nach oben und das oben Befindliche nach unten des [Seh-] Strahles hintreibt.

Philosophieren

(83) Dies Alles nun gehört unter die Hülfsursachen, welche Gott als dienende Kräfte verwandte, um allen Dingen die Gestalt der möglichsten Vollkommenheit aufzuprägen;

nach der Vorstellung der Meisten sind sie freilich nicht bloße Hülfsursachen, sondern die wirklichen Ursachen von Allem, sie, die da Kälte und Wärme hervorbringen, fest und flüssig machen, und überhaupt Alles, was dem ähnliche Zustände bewirkt; jedoch mit Ueberlegung und Vernunft auf irgend Etwas hinzuarbeiten sind sie unvermögend.

Denn von allen Dingen ist als das einzige, welchem es zukommt, Vernunft zu besitzen, allein die Seele zu bezeichnen, diese aber ist etwas Unsichtbares, während Feuer, Wasser, Erde und Luft insgesamt ihrer Entstehung gemäß sichtbare Körper sind. Wer also ein Freund der Vernunft und Erkenntnis ist, der muss nothwendig in einem denkenden Wesen die letzte Ursache suchen, alle Ursachen aber, welche in Dingen liegen, die von anderen in Bewegung gesetzt werden und (wiederum) andere mit Nothwendigkeit in Bewegung setzen, erst in zweiter Linie als Ursachen verfolgen.

Philosophieren

Bedeutung der Sinneswerkzeuge

Wirkliche Ursachen oder Hilfsursachen

(§ 83) Die Sinneswerkzeuge sind jedoch lediglich Hilfsursachen. Die Göttlichen stellten diese zur Vervollkommnung des Menschen in deren Dienst.

Altes Denken

Die Meisten haben die Vorstellung es seien nicht bloße Hilfsursachen, sondern die tatsächlichen Ursachen von allem. [46d] Nach ihnen sind es die Ursachen, die Kälte und Wärme hervorbringen, die fest und flüssig machen und überhaupt alle anderen Zustände bewirken. Diese Männer vermögen es jedoch nicht, mit richtiger Überlegung auf irgendetwas hinzuarbeiten.

Neues Denken

Es ist einzig und allein die Seele, welcher das Überlegen zukommt. Die Seele aber ist unsichtbar. Feuer, Wasser, Erde und Luft hingegen sind insgesamt ihrer Entstehung gemäß sichtbare Körper. Deshalb muss jeder Freund des Überlegens und des Wissens notwendig die letzte Ursache im lebenden Wesen suchen. Alle Ursachen aber, welche zwar in den Dingen liegen aber erst durch die Bewegung – wie etwa vom Sehstrahl – gesetzt werden, müssen wiederum selbst notwendig in Bewegung gesetzt werden. [46e] Deshalb sind sie als Hilfsursachen zu betrachten.

(§ 84) Demgemäß haben denn auch wir zu verfahren, und wir müssen daher zwar beide Gattungen von Ursachen erörtern, jedoch gesondert voneinander alle die, welche mit Vernunft des Schönen und Guten Werkmeisterinnen sind, und andererseits alle die, welche, von Einsicht entblößt, ohne Regel und Ordnung hervorrufen, was der Zufall jedesmal mit sich bringt.

Und so mag denn hinsichtlich der Hülfsursachen, welche bei den Augen mitwirken, um ihnen das Vermögen, welches sie jetzt besitzen, zu verschaffen, das Bisherige genügen; der Hauptzweck dagegen, zu welchem sie uns nützen und zu [p 47] welchem eben sie uns von Gott geschenkt sind, steht nunmehr zu erörtern.
Die Sehkraft ist nach meiner Ansicht die Urheberin des größten Nutzens für uns geworden, weil von unsern gegenwärtigen Erörterungen über das All wohl keine einzige wäre gegeben worden, wenn wir weder Sterne noch Sonne noch Weltgebäude sähen.

Das Philosophieren

Unterscheidung von Wahrnehmen und Wahrscheinen

(§ 84) Darum müssen wir wie folgt verfahren. Die beiden Gattungen von Ursachen müssen wir zwar gesondert voneinander erörtern: zum einen die Ursache, welche mit Überlegung [unstofflich] Werkmeisterinnen des Schönen und Guten sind; zum anderen jene Ursachen, welche – von Einsicht entblößt – ohne Regel und Ordnung vom zufälligen [stofflich] hervorgerufen werden.

Sehkraft als Grundlage des Wahrscheinens

Der bisherige Vortrag ist hinreichend bezüglich der Frage, inwieweit die Augen die Fähigkeit haben, als Hilfsursachen dem Wahrscheinen zugrunde zu liegen. [47a] Zu erörtern ist nunmehr die Frage, zu welchem Hauptnutzen und mit welcher Absicht die Göttlichen uns die Sehkraft verliehen haben.

Die Sehkraft ist – nach meiner Meinung – für uns zum nützlichsten Sinnenwerkzeug geworden. Keine einzige unserer gegenwärtigen Erörterungen über das All wäre möglich gewesen, wenn wir weder Sterne noch Sonne noch Weltgebäude hätten betrachten können.

(§ 85) Nun aber nehmen wir (durch ihre Vermittlung) Tag und Nacht und auch die Monate und die Jahresumläufe wahr, und haben so durch dies alles die Zahl sowie den Begriff der Zeit empfangen und sind zur Untersuchung über die Natur des All angeregt worden, und dadurch (erst) sind wir zur Philosophie vorgedrungen, welche das größte Gut ist, was dem sterblichen Geschlechte als eine Gabe der Götter zu Theil ward und jemals zu Theil werden wird.

So führe ich denn nur dies, als das größte unter den Gütern an, welche von den Augen herstammen; denn wozu brauchten wir noch alle übrigen, die von geringerer Art sind, herzuleiten, die ja Jedermann kennt und deren Verlust durch Erblindung doch nur der Nichtphilosoph mit eitler Klage beweint!

(§ 86) Vielmehr müssen wir jenen obersten Zweck nach dem Obigen dergestalt als die wahre Ursache hinstellen, daß Gott die Sehkraft für uns erfunden und uns verliehen hat, damit wir die Umläufe der Vernunft im Weltgebäude betrachten und sie auf die Kreisbewegungen unseres eigenen Nachdenkens anwenden könnten, welche jenen verwandt sind, so weit es das Durchschütterte mit dem Unerschütterlichen sein kann, und damit wir nach ihrer genauen Durchforschung und nachdem uns die Berechnung ihres richtigen Ganges, wie er ihrem Wesen entspricht, gelungen, in Nachahmung der von allem Irrsal freien (Umkreisungen) des Gottes, die in uns selber ordneten.

Betrachtung des Alls als Grundlage der Philosophie

(§ 85) Nun ist es uns aber gegeben Tag und Nacht, die Monate und selbst die Jahresumläufe – sehend – wahrzunehmen. [47b] Nur so empfangen wir die Bezugsverhältnisse sowie den Begriff der Zeit und sind in der Lage, die Natur des Alls zu untersuchen.
Erst dadurch dringen wir zur Philosophie vor, welche das größte Gut ist, was dem sterblichen Geschlecht als eine Gabe der Göttlichen zuteil wurde und jemals zuteil werden wird.

Die Hilfsursachen des Philosophen

Minderwertige Hilfsursachen

Hier führe ich nur das Wichtigste von allen Gütern an, welche uns in den Augen gegeben sind. Warum sollen wir die von geringerer Art aufführen, die jedermann kennt. Deren Verlust beweint mit eitler Klage doch nur der Nichtphilosoph!

Sehkraft

(§ 86) Den wirklichen Grund dafür, dass der Baumeister uns die Sehkraft verliehen hat, finden wir – nach obigen Ausführungen – darin, dass wir auf dieses Weise das Kreisen [der Seele] im Weltgebäude betrachten können. Dieses Kreisen können wir dann auf das Kreisen in uns selbst übertragen, denn das Kreisen der Seele im Weltgebäude ist mit dem in uns verwandt. Aufgrund der genauen Erforschung und der Berechnung des richtigen Laufes der – den göttlichen Wesen entsprechenden – himmlischen Kreisbewegungen sind wir nun in der Lage, unser Überlegen selbst zu ordnen. Indem wir die – von allem Wirrungen befreiten – göttlichen Kreisbewegungen nachahmen.

(§ 87) Und so gilt auch ferner in Betreff der Stimme und des Gehöres wiederum das nämliche Verhältnis, und sie sind uns aus dem nämlichen Grunde (und) zu dem nämlichen Zwecke von den Göttern geschenkt worden. Denn sowohl die Sprache ist zu diesem gleichen Zwecke bestimmt und trägt den größten Theil dazu bei, wie auch die musikalische Anwendung der Stimme uns verliehen ist, um neben dem Gehöre die Harmonie uns zugänglich zu machen.
Die Harmonie aber, welche mit den Umkreisungen der Seele in uns verwandte Umläufe hat, erscheint dem, welcher vernunftgemäß des Umgangs mit den Musen pflegt, nicht als zu einem bloßen vernunftlosen Vergnügen, wie (man sie) jetzt (ansieht), bestimmt, sondern sie ist uns von den Musen als Helferin verliehen, um den in Zwiespalt gerathenen Umlauf der Seele in uns zur Ordnung und Uebereinstimmung mit sich selber zurückzuführen,
eben so wie auch der Takt wegen der Unregelmäßigkeit in uns und des der inneren Anmuth entbehrenden Wesens der Meisten uns als Unterstützung zu eben demselben Zwecke von eben Denselben gegeben ist.

Stimme und Gehör zur Muse

(§ 87) [47d] Stimme und Gehör wurden uns aus nämlichen Grund von den Göttlichen als Hilfsursachen geschenkt. Auch die Sprache ist zur Vervollkommnung bestimmt und trägt den größten Teil dazu bei. Ebenso ist die musikalische Anwendung der Stimme uns verliehen, um uns neben dem Gehör die Harmonie zugänglich zu machen.

Die Harmonie – deren himmlische Kreisbewegungen mit denen der Seele verwandt sind – erscheint demjenigen, der die Musen pflegt, nicht als bloßes Vergnügen, wie viele es betrachten.

[47e] Vielmehr dient uns die Harmonie – uns von den Musen als Helferin verliehen – um die Kreisbewegungen der Seele in uns wieder zur Ordnung und Übereinstimmung mit sich selber zurückzuführen, wenn sie in Zwiespalt geraten waren.

Gleichfalls dient uns der Takt – auch dieser von den Musen als Helfer uns gegeben – zur Unterstützung der geordneten Seelenbewegung, zum einen wegen der Unregelmäßigkeit in uns und zum andern wegen des der inneren Anmut entbehrenden Wesens der Meisten.

(§ 88) In dem bisher Durchgegangenen sind denn nun, weniges nur noch ausgenommen, die Wirkungen der Vernunft dargelegt worden,

Schluss

(§ 88) Nun haben wir bis auf weniges das Wesen der Seele darlegt.

Gliederung *Timaios*

I Neues Denken über den Anfang des Weltalls

Einführung

Die neue wissenschaftliche Methode

II Die Beseelung des Weltgebäudes

Das vollkommene Weltall

Die Welt als abgeschlossenes System

IV Die Seele im Kopf

Entwicklung von Leib und Seele

Der Philosoph und seine Hilfsmittel

Philosophieren

Literatur

FAN, YUH-CHENG: *Tang Juniys Synthese chinesischer und westlicher Philosophie - Die Grundlegung des moralischen Selbst als Schlüssel zum Verständnis des Gesamtwerks.* München 2000.

GADAMER, HANS-GEORG: *Idee und Wirklichkeit in Platos Timaios,* Heidelberg 1974.

HUNTINGTON, SAMUEL P.: Kampf der Kulturen. Die Neugestaltung der Weltpolitik im 21. Jahrhundert. München, Wien 1996.

MERKLE, RUPERT: *Abrahams Friedensvision - Die Genesis interkulturell philosophisch,* 2012.

Platon: *Timaios* in den Übersetzungen von

GIGON, OLOF; RUFENER, RUDOLF: *Platon Spätdialoge,* Zürich 1969.

HÖRSTEL LUDWIG: *Platons Timäus nach Inhalt und Zweck, mit erklärenden Anmerkungen,* 1795.

KIEFER, OTTO: *Platons Timaios/Kritias/Gesetze X,* Jena 1909.

KUHN, MANFRED: *Platon, Timaios,* Hamburg 2017.

PAULSEN, THOMA; REHN, RUDOLF: *Platon, Timaios,* Ditzingen 2003.

SCHLEIERMACHER F., HIERONYMUS MÜLLER: *Platon, Timaios.*

SUSEMIHL, FRANZ: *Platon's Werke, Die Platonische Kosmik,* 1856.

WAGNER, FRIEDRICH WILHELM: *Platons Timäos und Kritias,* 1853.

WINDISCHMANN, KARL JOSEF HIERONYMUS: *Platons Timåos,* Hadamar, 1804.